KIJK EENS NAAR HET VOGELTJE

Verbeeck, Louis
Kijk eens naar het vogeltje

Leuven, Davidsfonds/Clauwaert, 1998
112 p.; 20,8 cm

Blijde-Inkomststraat 79-81, 3000 Leuven
Gedrukt en gebonden bij Walleyndruk NV, Brugge

Vormgeving: Peer de Maeyer
Omslagontwerp: Gregie de Maeyer
Omslagfoto: Alex Deyaert

D/1998/0201/16
ISBN: 90-6306-389-X
Doelgroep: volwassenen
NUGI: 352 SISO: 829 UDC: 850

KIJK EENS NAAR HET VOGELTJE

Louis Verbeeck

Inhoud

Kijk eens naar het vogeltje

Ik ken die fotograaf al jaren, en nu hij zich teruggetrokken heeft uit de 'portrettentrekkerij', is hij me dunkt nog wijzer geworden. Meer dan veertig jaar heeft hij in zijn camera obscura, zijn 'doka', zitten wachten op het wonder, en achter zijn andere camera gestaan, met één oog gekeken in het kleine, glazen rechthoekje om te zien of de minimensjes allemaal in beeld waren. Liefst had hij dan soms onverwachts afgedrukt, zodat ze er een beetje natuurlijk op zouden gestaan hebben, maar iedere keer zei hij toch weer plichtsbewust: 'Lachen!' of 'Kijken naar het vogeltje!!!'

Het vogeltje dat nooit kwam. Daarom zei hij dat ook maar in uiterste nood, vertelde hij, want je mag kinderen niet ongelukkig maken.

'Kinderen zijn heel dankbaar om te fotograferen,' zei hij, 'tenminste als ze niet moeten poseren. En dan is dat "vogeltje" wel eens erg praktisch, dan krijg je die verwonderde blik, die kinderen kunnen hebben. Dat is mooi...'

Maar op de dag dat ze beseffen dat het vogeltje toch niet komt, is het afgelopen. Dan moest je volgens hem een hele tijd wachten, tot die kinderen helemaal oud geworden waren, en dan werden ze weer natuurlijk. Want oude mensen waren ook dankbaar om te fotograferen:

'Oude mensen poseren niet meer. Ze zijn wat ze zijn, net zoals dieren. Die letten niet op dat "vogeltje". Zelfs de poezen niet.'

Maar hij was er nu mee gestopt, en hij was er niet rouwig om. 'Ik schrijf nu zo'n beetje,' zei hij, 'gewoon voor mijzelf. Woorden zijn belangrijker dan beelden. Daarom.'

'In den beginne was het Woord!' citeerde hij de aanvangszin van een heel bekend werk.

Meer dan dertig jaar geleden had hij eens de 'cover' moeten maken van een brochure die wou aantonen dat de provincie Limburg, dankzij de industrie, opgestoten zou worden in de vaart der volkeren. Hij had toen drie fabrieksschoorstenen genomen, met ijverige rookpluimen. Hij had ze een beetje scheef gezet, om wat 'vaart' in de foto te krijgen.

Dertig jaar later waren er eens jongens van het milieu, groene jongens, bij hem gekomen. Die wilden ook een tijdschrift uitgeven. Maar dan wel op gerecycleerd papier. Het mocht bovendien ook niet te veel kosten, want hun subsidies waren aan de lage kant, zoals alle subsidies.

Hij liet ze gratis kiezen in zijn album met diapositieven.

'En weet je welke foto zij namen?'

Ik wist het.

'Die van die drie "walmende" fabrieksschoorstenen!'

Wat dertig jaar geleden opgeblazen promotie was, diende nu als opgeblazen protest tegen de milieuvervuiling.

'Een beeld is waardeloos zonder woorden,' was zijn conclusie.

Daarom schreef hij dus. Voor zichzelf. Hij wilde van niemand meer afhangen. Zelfs niet van zijn lichtmeter.

Hij liet me een reportage zien in een tijdschrift, met allemaal dode Rwandese kinderen, mager en stil, met vermorzelde gezichten, dood. Het waren stuk voor stuk kunstfoto's.

'Daar krijgen ze dan later ook prijzen voor,' zei hij somber.

'En geloof me: daar is werk aan geweest om dat zo te krijgen. Kijk deze eens, die belichting...'

En hij vertelde over de filmer Jacopetti, die een terechtstelling twee uur liet uitstellen, omdat de zonsondergang dan beter tot zijn recht zou komen.

Ik voelde de splinter in zijn hart. Ook al was het een beeld zonder woorden.

Meniscus

Elke dag kom ik tot de constatatie dat ik in mijn vorig leven, vóór mijn pensioen bedoel ik, een hoop dingen verkeerd heb aangepakt. Onder andere: wijn drinken.

Ik weet bij benadering niet hoeveel flessen ik in mijn leven al heb binnengeklokt, maar als ik in de toekomst, ik hoop de nabije toekomst, nog eens een glas wijn voor me krijg, dan zal ik dat héél anders bekijken. Tot nu toe beperkte ik mij tot het verschil tussen goed en slecht, en tussen wit - geel eigenlijk - en rood. Maar nu ik enkele échte wijnkenners hun commentaar heb zien leveren op wat ze voorgezet kregen, ben ik toch een beetje beschaamd. Wat voor een wijnbeotiër ben ik? Ik had bijwijlen al eens verwonderd en hoofdschuddend gekeken naar Herwig Vanhove, die ook altijd originele dingen over zijn wijn vertelde, waar ik niets van begreep, maar wat ik dit keer heb gelezen, dat is nog heel andere steno.

Wat dacht je van uitspraken als 'Deze wijn heeft een suave zachte neus met veel hout.' Of: 'In de finale heeft hij een bittere staart, die hem op het niveau van gewoon brengt.' Als ik dat lees, dan weet ik niet zo goed wat ik mij daar allemaal bij moet voorstellen. Maar ik moet toegeven: als je dit soort zinnetjes achteloos in gezelschap kunt laten vallen, na een paar keer aan je glas genipt te hebben, dan maakt dat wel enige indruk op de mensen, dacht ik. En daar komt het tenslotte allemaal op neer. Een mens wil in beeld komen. Wendy van Wanten door haar opvallende airbags, een andere Tobback door zijn oneliners, en een wijnproever door uitspraken te doen, waardoor hij er wat meer kan uithalen dan erin zit. Tja, misschien zit het er wel allemaal in, maar ik heb het er dus in mijn vorige leven nooit uitgehaald.

'Deze wijn heeft een inktkleur, met een diepe nuance van rijp en een gedrongen compacte neus met fijne textuur, een zachte attaque en veel structuurbitter over het gehele smaakgebied...'

Vind dat maar eens even uit! Ik raak ontmoedigd, als ik het

lees. Dát niveau haal ik nooit. Zelfs niet als ik het uit het hoofd zou leren.

Want zo'n dingen mag je niet opdreunen, die moet je een beetje nonchalant, zo langs je neus weg, kunnen debiteren. Zo van: ik weet er eigenlijk nog heel wat meer over, maar dat zou ons te ver leiden. Dus beperk ik mij tot het voornaamste.

Over die 'neus' van de wijn hebben ze het bijna allemaal. Iedere wijn heeft een 'neus'. En sommige wijnen hebben dus ook een 'staart'.

Er zijn proevers die nog meer lichaamsdelen in hun wijn ontdekken. Volgens hen hebben sommige wijnen mooie benen, 'de belles jambes'. Want in het Frans klinkt het nog mooier. Ik heb ooit degustaties meegemaakt waar ze het over 'mooie benen' hadden, en ik probeerde die er dan ook uit te halen. Maar tevergeefs. Hoeveel moeite ik ook deed, ik vond van alles, maar geen benen.

De 'vlezige smaak', die vond ik nog net, en soms dat 'zijdeachtige', dat haalde ik er met veel goede wil ook nog uit, zelfs het 'beetje verbrand karakter'...

Maar geen 'benen'. Aan de 'benen' kwam ik nooit toe. Van één wijn werd gezegd dat hij 'een vrije brede meniscus tegen de rand' had.

Daar heb ik dan ook weer moeite mee, want bij 'meniscus' denk ik hoogstens aan de 'Rots van Bouillon' en Dokter Martens, maar ik heb dat nog nooit in verband gebracht met wijn. Misschien zal ik het wel nooit leren, denk ik dan.

Misschien hoeft dat ook wel niet.

Want ik ben het ook niet altijd eens met wat die geleerde heren zeggen.

Vooral als er eentje beweert:

'Dit is een wijn voor onze kleinkinderen.'

Momenteel drinken mijn kleinkinderen nog geen wijn, en als ik moet wachten tot ze eindelijk op zoek kunnen gaan naar die 'benen' of 'meniscus', dan hoeft het voor mij helemaal niet meer.

Daarvoor heb ik geen geduld genoeg.

Kaal

God heeft de wereld in zes dagen geschapen, staat in de bijbel. Amper zes dagen. Dat is er ook wel een beetje aan te zien, zeggen sommige kritische geesten.

Maar persoonlijk vind ik het eigenlijk nog zo slecht niet.

Op één week. Ik ken mensen die langer aan iets werken, en dat lijkt dan soms nog nergens naar.

Eigenlijk nog een geluk dat God zes dagen uitgetrokken heeft om de wereld zo'n beetje op zijn poten te zetten. Nog een geluk dat er toen nog geen socialisten waren en dat er nog geen vijfdagenweek was, want dan was de mens er nooit geweest. Dan waren er alleen normale beesten geweest.

Maar geen mensen dus om de boel te verprutsen.

Want de eerste mensen, vooral Eva, waren niet tevreden met het paradijs, en God had iets gezegd van een boom, waar ze met hun pootjes moesten van afblijven. Een fruitboom nog wel, want dat ze anders iets te weten kwamen, wat ze beter niet wisten.

Dat moet je dan tegen een vrouw vertellen. Zeker als het fruit is.

Trouwens Adam wist nog van niks, die was nog altijd onder narcose van die riboperatie. Eva heeft toen in de verboden vrucht, een appel, gebeten.

Tsja, en dat was de afspraak: eruit!

God zei nog: 'Als je denkt dat je het beter kunt...'

Toen is de mens op zichzelf begonnen. Proberen van zelf een paradijsje te maken. Met alle ellende vandien. En in het zweet zijns aanschijns. Want van toen af kon de mens ook zweten. En ziek worden. En honger krijgen en dorst. Een hoop dingen waar we zo goed als we konden een oplossing voor gezocht hebben. En soms gevonden. Aspirientjes en zo. En tegenwoordig hebben bijna alle organen al wisselstukken. Tegen de honger hebben we de gastronomie uitgevonden, en tegen de dorst hebben we ook van alles. Dat gaat van 'spa bruis' over 'mort subite' naar 'verboden vrucht' of 'duvel'. De laatste twee om God een beetje te treiteren, denk ik.

Maar er zijn toch ook nog een paar kwaaltjes waar ze nog altijd niks tegen kunnen vinden.

Kaalheid bijvoorbeeld.

Daar worden dan wel veel bemoedigende artikels over geschreven, maar hét wondermiddel is nog niet gevonden. Laatst nog ergens gelezen, dat bijvoorbeeld in Nederland, - en dat is toch een gezond volk - ongeveer twee miljoen mannen 'kampen met een oprukkende haargrens en/of een dunner wordende begroeiing', zoals ze dat daar zo mooi zeggen.

Ze doen er van alles tegen. Want iedereen wil zijn Absalomkapsel behouden.

Je ziet dan ook overal uitdunnende heren, die hun schamele haartjes krampachtig naar voren kammen of zitten te knoeien met haarstukjes, waar het zweet in de zomer tappelings onderuit stroomt. Plezierig is anders.

Er zijn trouwens nog andere ongemakken aan een kale schedel. Bij de kapper moet je bijvoorbeeld evenveel betalen als iemand met een wapperende haardos.

Rechtvaardig is dat niet.

En nu we het toch over rechtvaardigheid hebben: Eva, de vrouw dus, was er toch eigenlijk de schuld van dat wij uit dat paradijs gekieperd zijn. Maar is het je al eens opgevallen dat bijna alle vrouwen een kop haar hebben zoals een volwassen schaap? En zij worden niét kaal.

Gelukkig zal dat veranderen. Voor de mannen is er een nieuwe mode op komst. Mannen laten zich meer en meer compleet kaalscheren. Een kale kop staat tegenwoordig voor autoriteit en superioriteit.

Kale mensen staan verder van de apen af, naar het schijnt. Veel en lang haar heeft iets dierlijks. Zeggen ze in de nieuwe trend.

Ik voel mij zeer getroost.

Hoewel. Zo'n paardenstaart, dat zou ik toch eens gehad willen hebben. Met een tricolor strikje.

Man

Wie jaren geleden zijn habijt over de haag kieperde, werd daar nog jaren op aangekeken. Wie jaren geleden op een gegeven moment zijn huwelijk voor bekeken hield en vond dat het gras groener was aan de andere kant van de Demer, werd tot in zijn nageslacht gebrandmerkt.

Wie ooit in de gevangenis gezeten had, was hetzelfde lot beschoren. Eéns gestolen altijd een dief. Als dat erin zit, madam, dan komt dat daar vroeg of laat weer uit, let eens op, onthou wat ik zeg!

Alle zonden werden op formol gezet en je sleepte dat potje voor de rest van je leven mee.

Remsporen op je ziel.

Dat is gelukkig niet meer zo, dacht ik deze week, toen er over mijn zeedijk een man voorbijwandelde, die als twee druppels water op die meneer Stuyck leek van die valse facturen.

Want aan zee kom ik voortdurend kennissen of vermeende kennissen tegen. In Oostende zijn dat de statige Jan Piers, John Cordier, om er maar een paar te noemen. En mezelf natuurlijk, maar dan in een etalageruit. Zij vertegenwoordigen zichzelf. Maar ik zie er dus ook vele anderen, dubbelgangers van ergens iemand.

Gisteren kardinaal Danneels nog, maar ik wist dat dat niet kon, niet in zo'n belachelijke bermuda! En met een gezicht als een godsverduistering. Hij kwam aan het tafeltje naast mij zitten, bestelde een abdijbier en hij had twee kranten bij: De Standaard en De Morgen, van gisteren. Weer zo iemand, dacht ik, die nog wel in het bestaan van God gelooft, maar er wel niet zeker meer van is dat Hij nog katholiek is, en er in ieder geval serieus aan twijfelt of God, als Hij eens weer zou keren, nog voor de CVP zou stemmen.

Hij was al oud. Met zo'n gezicht als een Zwitserse reliëfkaart. Hij begon te lezen, achteraan, met Hägar de Verschrikkelijke. Hij was nog maar aan de Beursberichten, toen een dikke, blozende, gezonde dame met een bloemetjesjurk naast hem kwam zitten en zei dat het vanavond vis was. Hij knorde iets terug. Het was dus duidelijk zijn vrouw.

Het was zo'n moeder, over wie Felix Timmermans destijds schreef, dat 'de kinderen als rapen uit haren schoot rolden.' Diep gelukkig zat ze naar de zee te kijken, terwijl ze haar gele limonade opdronk. Toen zei ze dat ze het eten zou klaarmaken. Ze stond op, voelde eerst nog eens achter aan haar jurk of die nog tien op tien kreeg voor goed zedelijk gedrag, en verdween in zuidelijke richting.

Hij keek haar peinzend na, las nog even in de krant, dronk zijn bier op met een wrange bovenlip en staarde zwaarmoedig naar het lege glas. Moeizaam stond hij op. En hij wandelde traag met zijn handen op zijn rug, een beetje gebogen, kijkend naar de grond. Want hij kende de streek: wie in Oostende altijd naar de blauwe lucht of de sterren loopt te kijken, zit voortdurend met zijn voeten in de stront.

Hij was nog maar net uit mijn gezichtsveld verdwenen, toen er een broer van Cousteau op zijn plaats kwam zitten. Hij keek bezorgd om zich heen om te zien of er geen milieuvervuiler in de buurt zat en bestelde in het Frans een watertje, dat niet op de kaart stond.

De ober stelde drie varianten voor. Met tegenzin werd het dan toch maar een spa.

Heel voorzichtig schonk hij de inhoud van het flesje in het glaasje, zoals wijnkenners een bejaarde Mouton Rothschild ingieten. Vervolgens hield hij zijn glas ook nog even tegen het licht om te zien of er geen mestoverschotten inzaten, zag blijkbaar niks verontrustends en nam toen behoedzaam een slokje. Hij controleerde diepzinnig de afdronk, beurelde ingetogen en besloot dat zijn overlevingskansen er goed voor stonden.

Maar honderd procent zeker was hij toch niet, want hij las nog eens aandachtig de tekst, die boven de codestreepjes op het lege flesje stond.

Een mens moet tegenwoordig moed hebben om gelukkig te zijn, dacht ik.

Weerloos

Ze maken het moeilijk en ik vraag daar eigenlijk niet om. Ik heb bijvoorbeeld persoonlijk niks tegen computers, gsm'ertjes en intieme relaties via Internet, maar ik heb toch liever dat ze met al die nieuwe dingen uit mijn buurt blijven. Laat staan dat ik het allemaal zou propageren.

Ik vind het al erg genoeg, als ik ergens een winkel in moet om iets te kopen, dat ik er even later weer buitenkom met een plastieken zakje, waarop de naam van de winkel en wat ze allemaal in geuren en kleuren verkopen, gedrukt staat, zodat ik binnen de kortste tijd van kleurloze burger veranderd ben in een levendige reclamezuil.

Ik vraag daar dus niet om, maar op die manier maken ze je wel milieuvriendelijk voor je het goed en wel beseft.

'Gaat het zo, meneer, of stop ik het in een zakje?' vragen ze dan. Tsja, en je loopt ook niet graag met een bloot brood over het wegdek. Ik word daar altijd een beetje treurig om. Het lijkt me allemaal zo overbodig. Ik probeer dan de kerk in het midden te houden, een soort van flexibele stabiliteit te ontwikkelen, zoals Dehaene ons dat voorhoudt, maar nauwelijks heb ik mij met dat zakje verzoend, of ik kom thuis en mijn vrouw heeft een nieuwe spray voor het toilet gekocht. Het enige vertrek, waar ik nog rimpelloos van mijn privacy geniet, ruikt nu naar sinaasappelen. Als je even de ogen sluit, zit je ergens tussen de struiken van een zuiderse appelsienenplantage.

De vorige spray geurde naar 'ochtendregen', dat had dan met een beetje goede wil nog met 'spoeling' te maken. Maar appelsienen? Ik zag het verband niet zo dadelijk. Voor mij mag het zelfs rustig ruiken naar wat het feitelijk is.

'Dingen' dus.

Ik las laatst een interview met ene Tayou, die bij Jan Hoet postmodern exposeert, en die vindt dat zijn eigen keutels, met de geur die erbij hoort, kunst zijn: iedere keer als hij zich ontlast, creëert hij onbewust een sculptuur, en hij jubelt, als het afgelopen is.

'Er is een mystiek die vertrekt van het besef van drek, transcenderend tot schoonheid...' constateerde de interviewer met tranen in de ogen.

Zo ver zou ik nu precies ook niet willen gaan. Op de duur komt het aambeientrosje van de kunstenaar op de foto in plaats van zijn gezicht, liefst dan nog tijdens een hardlijvige stofwisseling.

Ik volg niet meer. Ik heb jaren mijn best gedaan om te volgen, maar ik haak af.

En ze kunnen het niet laten. Dat ze mijn vrouw die sinaasappelen aansmeren, tot daar toe, maar dat ze aan mij weer eens wijn willen verkopen, die mijn neusvleugels zou moeten doen trillen, omdat hij een boeket heeft van geplette aardbeien en paprika, dat gaat me iets te ver.

Maar het staat in dat blad, dat ze me toesturen: wijn met aroma's van jonge champignons en een tintje kersen. Of met een florale neus, die speurt naar een vurig riviervisje. En, pak vast, er is ook nog een wijn die aroma's heeft van viervruchtenjam, en een vrouwelijke combinatie van soepelheid en kracht, van zwarte bessen, viooltjes, een vleugje vanille en cederhout.

Ik ben tegenwoordig al blij dat wijn naar druiven smaakt. Maar ik durf het thuis niet hardop te zeggen, met die spray van sinaasappelen op het toilet.

Want wie A zegt, moet B zeggen, en als wijn naar druiven moet smaken, dan moet een toilet normaal ook naar 'dingen' ruiken. En voor ik het weet, zit ik mystiek op de pot te mediteren over transcedente schoonheid.

Ik troost me met de gedachte dat dit soort dingen niet meer voor mij bestemd zijn. Dat het voor postmoderne mensen is: de Field Sales Engineers, de Compensation and Benefits Specialists, de Human Resources Consultants, en alle andere mensen die in het midden van de straat draadloos staan te telefoneren. Met een sinaasappelgeur.

God

Voor iemand, die zogezegd niet meer bestaat, of waar ze in ieder geval niet erg veel rekening meer mee houden, wordt er toch nog dapper veel over gesproken en geschreven.

Over God, bedoel ik.

Je moet geen neusverbreder op hebben om de wierook te ruiken tegenwoordig.

Een of andere Amerikaan heeft er zelfs een boek over geschreven. Een biografie van God. Uiteraard gebaseerd op de dagboeken van God, die door zijn ghostwriters werden genoteerd en uitgegeven in het Verzameld werk, dat de Bijbel is.

Toch merkwaardig, die belangstelling.

'Geloof jij nog¿' vragen ze me soms.

't Zijn meestal jongere mensen, die dit vragen. Want zij geloven niet meer, en het kan er bij hen niet in dat er ooit een man is geweest, Jezus, de Zoon van God, die op een avond zomaar over het water wandelde, en rond dezelfde tijd, ook op een avond, na een optreden, vijfduizend mensen spijzigde met vijf broden en twee vissen. En toen ze achteraf de boel opruimden, haalden ze nog twaalf manden brood samen. Voor de beesten, waarschijnlijk. Want ze gooiden niks weg in die tijd. De wonderbare visvangst en de broodvermenigvuldiging. Ze geloven het niet. Het is ook zo lang geleden. Laatst sprak ik nog met een jongeman, die zijn eindwerk voor biologie over mieren gemaakt had. En beschreven hoe wonderlijk hun maatschappij in mekaar zat. Ongelooflijk! zei hij. Maar toch waar, dacht ik. Want ik heb ook al eens wat over mieren gelezen en je voelt je op den duur een achterlijke meelvorm: wat die beestjes allemaal klaarspelen, zonder boekjes, zonder vernieuwd secundair onderwijs en zonder eindtermen...

Ik heb er geen uitleg voor.

Dat had hij ook niet.

Ik vind het wel handig, als ik dan naar God kan verwijzen. Als ik ergens geen uitleg voor heb, als ze mij weer eens met zo'n mysterie opzadelen van waar komen we vandaan en waar gaan we heen, dan, dan speel ik de bal naar God toe.

God is zo'n beetje de ombudsman voor alles wat ik niet kan verklaren en tegelijk ook een beetje een omniumverzekering, zonder franchise dan nog. Het is natuurlijk verdomd moeilijk om dat aan iemand duidelijk te maken, maar eigenlijk is dat ook weer de schuld van die God, want die heeft aan Mozes met die Tafelen wel een mooie bijsluiter gegeven, maar over zijn eigen identiteit is hij altijd enorm vaag gebleven.

Ik ben wie ik ben!

Origineel, dat wel, maar je kunt er geen tekening van maken.

En zij, die het kunnen weten, zwijgen. Die zitten daar ergens in de hemel, met zicht op God. Maar geen haar op hun hoofd dat eraan denkt nog eens even over te wippen en ons te komen vertellen hoe het achteraf eigenlijk precies in mekaar zit.

En dát zouden we toch zo graag weten!

Ik las onlangs nog zo'n vierregelig versje van Michel van der Plas, bij een doodsbericht van een vader:

'Vader, wat zou ik ervoor willen geven, als je er af en toe nog eens kon zijn,
en een zondag kwam zitten in mijn leven
bij mijn werk en mijn boeken
en mijn wijn.'

Dat zit ik soms ook te denken. Want mijn vader is ook allang zaliger en die weet dus nu ook precies hoe het Ginder in mekaar zit.

Hij wist daar bij leven al wel iéts van, moet ik zeggen, want hij zei altijd dat alles er grátis was. Maar dat er, helaas, mensen waren die leefden alsof ze straks, achteraan hun kist, een trekhaak hadden met een aanhangwagentje, waarin ze hun geld, hun obligaties, hun goud en hun juwelen konden leggen... Maar dat was fout gedacht, volgens mijn vader. Je neemt niks mee.

Zo denk ik er ook over.

Ergens op ons lijf hebben wij allemaal een streepjescode en daar in de buurt staat ergens ook een houdbaarheidsdatum...

Die laatste is bij sommigen moeilijk leesbaar, zoals dat ook op bepaalde dozen het geval is. Maar je doet er, dunkt me, toch maar best aan jezelf niet te lang te overleven. Geen risico's nemen.

Safe sex en zo

Een mens leert toch nog alle dagen, en hoe ouder ik word, hoe meer ik ervan overtuigd raak dat er een hoop mensen bijzonder om bezorgd is, dat ik hier nog een tijdje kan rondtaffelen.

Ik zat eraan te denken, toen ik de dood van Deng Xiaoping vernam. Die sliep waarschijnlijk ook met vier gespecialiseerde dokters op de deurmat, maar het roken hebben ze hem nooit kunnen afleren. Hij is desondanks 92 geworden. Maar hij stond stijf van de nicotine. En daags na zijn dood, kuchte hij nog, naar het schijnt, uit gewoonte, rokershoest.

Ik ben eens benieuwd of die lijfartsen ook weer een boek over Deng gaan schrijven, zoals de huisdokter van Mao gedaan heeft, en daarbij zelfs uit de slaapkamer praatte. Want volgens de Grote Roerganger was het beste medicament om jong te blijven: een tros jonge boerenmeisjes tussen de lakens, en dan maar kietelen. En hihihi-lachen in 't Chinees.

Met van die smalle oogjes.

Dus ben ik nieuwsgierig naar het geheim van Deng. Die plattelandse grieten kan ik vergeten, geloof ik, want Dengs dochter was altijd in zijn buurt, en dochters hebben iets tegen vaders die zich op latere leeftijd belachelijk maken met zo'n kritische, overspelige huisapotheek. Dan mag het nog goed zijn voor zijn gezondheid. Tenslotte zijn zemelen 's morgens ook niet slecht voor de conditie.

Nee, een mens leert alle dagen bij, zei ik daarstraks, en dat valt mij elke dag nog meer op.

Alles staat in het teken van de gezondheid.

Op alles wat wij eten staat wat erin zit, en vooral wat er niet in zit: geen zout, geen suiker, geen moordende vetten, en op alles staat een een streepjescode en een houdhaarheidsdatum.

Behalve op het huwelijk. En de liefde dus. Die bleef vroeger een leven lang goed, want oude liefde roestte niet. Vandaag is de firma soms al op de fles, nog voor iedereen de tijd gehad heeft om de huwelijkslijst te sponsoren.

Maar aan onze gezondheid wordt gewerkt.

Aan het eten dus. En het milieu. Er komt zelfs links en

rechts weer vis opdagen. Ze zeggen er wel niet bij of dat aan het water ligt, of omdat de vis immuun is geworden.

En er kantelt af en toe wel eens een vrachtwagen op de autoweg, met een gevaarlijk en giftig chemisch goedje op zijn rug, en dan moeten de mensen uit de buurt de ramen sluiten, want de dampen kunnen ademhalingsstoornissen veroorzaken. Maar op de radio komt dan even later toch altijd het geruststellend nieuws, dat in Erpe-Mere een vrachtwagen zijn lading verloren heeft, dat de linkerrijstrook afgesloten is, maar dat de metingen hebben aangetoond dat de uitwasemingen nog net onder de Europese normen liggen.

Maar er zijn toch ook échte inspanningen, die we moeten waarderen. Zo onder andere de zorg die men voor onze bossen draagt. Sinds vorige week weet ik dat er een 'Hoge Bosraad' bestaat. Wist u dat?

Ergens - in Brussel neem ik aan - zitten er dus enkele mensen die alles van bossen weten en van eekhoorntjes, en die doen het hele jaar niks anders dan ervoor zorgen dat onze bossen gezond blijven.

Als er een Hoge Bosraad is, zal er ook wel een Lage Bosraad zijn, en dat zullen dan wel de mensen zijn die het veldwerk doen. Die eigenhandig moeten gaan voelen of het mos nog wel zacht genoeg is, of het konijnensperma nog niet gedevalueerd is, of alle nesten nog bewoonbaar moeten worden verklaard, want de huisvesting laat de laatste tijd te wensen over wegens zure regen.

Enfin, 't is goed dat er nog zo'n mensen zijn, want ik wil af en toe nog wel eens in een gezond bos wandelen, de beschaving achter mij laten, én de goede manieren. Wijdbeens op een zandheuvel kunnen gaan staan onder een koningsden en opgelucht een droge wind laten knallen, die tot ver in de buurt te horen is, maar waar geen mens van opkijkt, omdat dit soort bedrijvigheid bij de omgevingsgeluiden gerekend mag worden. En dan verzen citeren van vergeten dichters en van de dingen, die niet overgaan. En hardop zingen van:

''k Zou dan toch zo gèren zuivere jonkman zijn, want ik hou er van een goei gezond d'affaire, 'k zou zo gèhère...!'

In zo'n bos mag dat. Toch als je je vrouw niet meegebracht hebt.

En de Hoge Bosraad zal daar ook wel niks op tegen hebben.

Een beetje kinds

Alles is relatief, zei Albert Einstein. Zelfs de leeftijd, denk ik dan in uitgesteld relais. Want daar heb ik altijd al moeite mee gehad. Ik schat er altijd helemaal naast.

'Die moet toch ook al een beetje oud zijn,' zegt mijn vrouw, als ze Gorbatsjov nog eens spaarzaam op de televisie ziet.

Ik weet - ik heb het ergens gelezen, en daar schrok ik toen ook van - dat Gorbi zo ongeveer mijn leeftijd heeft, maar mijn vrouw vindt dat ik er ruim tien jaar jonger uitzie. En dan Boris Jeltsin ook. Maar die drinkt dan ook meer dan ik.

We zitten er soms galant twintig jaar naast.

Zelfs bij mannen, die hun leeftijd niet proberen te verdoezelen. Maar bij vrouwen is het soms heel erg. Daar heb ik nog meer moeite mee. Die doen dan ook alles om dat te verstoppen, desnoods onder een forse laag plamuursel.

'Hoe is 't?' vraag ik dan aan zo'n dame, en die antwoordt dan voorzichtig dat ze elke dag een dagje ouder wordt, en soms twee. Ik tracht ze dan te troosten, zeg dat ze er nog zo jong uitziet. Je zou het eens moeten weten, zegt ze dan, en ik moet maar eens raden. Uiteraard schat ik zwaar naar beneden, want er is niks zo dankbaar, als een dame, een echte, tien jaar jonger naar onderen af te ronden dan zij eruit ziet.

'Hm, hm! Ik dacht dat je beter kon raden!' zeggen ze dan.

Vorige week had ik er eentje aan de lijn, die 76 was.

'Maar je ziet er wel twintig jaar jonger uit,' zei ik, voor de helft gemeend.

'Neenee,' zei ze, 'zesenzeventig, precies zo oud als de paus, en ik heb gisteren nog over hem gelezen: "de hoogbejaarde kerkvorst" schreven ze. Dus...'

Ik zei dan maar dat de paus wel meer afgezien had. Altijd op reis, en met die aanslag, en die heup, en dat hij nochtans toch lang geskied had. Misschien nog altijd. Langlauf dan.

'Het gaat toch zo vlug,' zei de dame, die er blijkbaar diep had over nagedacht.

'Eergisteren was ik nog zes jaar, en vandaag 76. Toen ik zes was, vond ik dat eigenlijk veel te jong, en ik wou twaalf zijn, met zo'n plechtige-communiekleed, dat aan een bruid deed denken. En toen ik twaalf was, wilde ik achttien zijn, want dat was dé ideale leeftijd. Het duurde enorm lang. Ik dacht op de duur dat ik die achttien nooit zou halen. En toen ik achttien was, wou ik eenentwintig zijn, om een of andere onduidelijke reden. Maar ja, dat was ook niet spectaculair, toen ik het was. Ik trouwde, er kwamen kinderen, en, achteraf, denk ik dat de mooiste twintig jaar in het leven van een vrouw tussen de vijfentwintig en de dertig liggen. Toen werd ik veertig, en ik dacht: nu is het afgelopen. Maar ik overleefde het , al heb ik me nooit zo oud gevoeld als toen. Maar ik werd vijftig en toen ik die grens voorbij was, vatte ik weer moed. Ik betrapte mij erop dat ik tegen niemand nog zei hoe oud ik precies was. Ik werd zestig. En een paar dagen later zeventig, want het gaat heel erg vlug, als je de zestig voorbij bent. En nu ben ik er dus zesenzeventig. Precies zo hoogbejaard als de paus. Maar als ik bij mijn kleinkinderen ben, dan voel ik me weer twaalf. Een meisje van twaalf. Gek, he! Maar ik heb zelfs zo de indruk dat er nog van alles moet komen, dat het voornaamste nog niet gebeurd is, dat het me alle dagen kan overvallen. Vraag me niet wat, ik zou het niet weten, maar ik heb zo het gevoel dat het iets heel moois is.'

Ze zweeg even, om te zien of ik het niet belachelijk vond. 'Misschien word ik wel een beetje kinds,' glimlachte ze.

Omdat ze weer met poppen zat te spelen, samen met die kleinkinderen van haar, moedertje spelen en winkeltje.

'Misschien ben ik wel een hoogbejaard kind,' grinnikte ze stil.

'Och,' zei ik, 'zolang we mogen spelen...'

Heimwee

In '68 volgde ik als 'derde man' de Ronde van Frankrijk. De Ronde die Herman Vanspringel verloor in de laatste rit. Hij zal daar nog altijd wel spijt van hebben.

Tegen het einde was ik er zowat op uitgekeken: ik wilde weer thuis zijn, het nieuws was eraf, je keek erdoorheen. Maar Piet Theys verwittigde mij toen:

'Ooit ga je nog heimwee krijgen naar de Ronde!' voorspelde hij met zijn bruine basstem. 'De Ronde laat je nooit meer los.'

Piet had gelijk. Zoals altijd trouwens. Als hij wist dat hij geen gelijk had, zweeg hij.

Iedere keer als ik vandaag rennertjes op de televisie zie fietsen, dan zie ik de beelden weer uit de Ronde van '68, het jaar van de revolutie. Bitossi, Lopez-Garil, Godefroot, Georges Vandenberghe met zijn haarstukje en de gele trui, Remy van Vreckom, die altijd gauw even vooruitsprintte als de televisie begon uit te zenden. Ik zie Bitossi nog ontsnappen, zonder dat iemand reageerde.

'Bitossi s'est échappé pour des raisons très personnelles,' klonk het op Radio Tour. Hij was gaan plassen.

Ik zie me dan weer achter op de motorfiets zitten van Leon Kindekens, de beste motorrijder van heel West-Europa.

En Jan Wauters, die ook altijd gelijk had, met toen al bijna dezelfde autoriteit als Piet Theys.

Waar is de tijd?

Het heimwee, dat Piet Theys voorspelde, is er dus wel gekomen. Ik koester het zelfs een beetje, net zoals alle andere heimweetjes, die ik ergens in een doosje heb opgespaard. Want ik denk dat een mens heimwee nodig heeft. Je kunt gewoon niet zonder. Zo heb ik ook altijd heimwee naar Zaïre, naar Rwanda en Burundi.

Heimwee naar Emile Zola, die de eerste keer toen hij mij zag, tegen mij zei: 'Vous grand frère, faire bon prix!' Want hij wilde mij absoluut iets verkopen van zijn prullaria.

En Séraphin, die aan de grens tussen Rwanda en Burundi bij de paspoortcontrole vernam dat mijn moeder, net als de zijne, al even dood was. Hij legde toen zijn goedkope kogelpen neer en sprak de bijbelse woorden: 'Ah oui, c'est bien triste, mais que voulez-vous, Msjeu: la mort, c'est la vie!'

Wij zaten onlangs nog bij vrienden naar dia's te kijken uit het recente Zaïre. Allemaal stuk voor stuk mensen met heimwee naar dat immense land. De chirurg, die nog één keer per jaar terugging. Terug moést, hij kon het niet laten, om te opereren, vakantiewerk. De journalist, die nog niet zo lang geleden de vroegere Congostroom opgevaren was, de ontwikkelingshelpster, die alle dagen hoopte dat er een brief zou zijn om terug te gaan.

Ze was er nu al ik weet niet hoe dikwijls heen geweest. Ze wilde altijd terug. Ze had dat al van jongsaf en het werd erger met de jaren: 'Toen ik zes was, zei ik al dat ik naar Molokaï wilde, om Pater Damiaan te gaan helpen.'

Iedereen had zijn redenen voor zijn eigen heimwee.

We zagen diapositieven. De zonsondergang boven de eindeloos brede Congostroom, die nu de Zaïre heet, maar hij is nog precies zoals vroeger. Het landschap van het water verandert niet.

Nergens gaat de zon zo mooi onder als boven de Zaïre.

Ooit stond ik daarnaar te kijken met professor Vandenberghe van Leuven, die les gaf in Lovanium, en die mij vertelde dat vroeger de pasgetrouwde zwarten van de bisschop een geit cadeau kregen. En na een jaar kwam de bisschop terug naar het dorp met een bok, die de geit van de mekaar trouw gebleven koppels moest dekken. Die bok noemden ze 'le bouc apostolique', vertelde hij, en vele andere mooie verhalen.

Ik zag ons daar weer staan, vlak bij zijn Volkswagen, en al die bloemen op de stroom. Heimwee. Naar de zwarte mannen, die niks doen, en de vrouwen, die het werk doen en de lasten dragen. Meestal op hun hoofd. Je houdt het soms niet voor mogelijk. Ze vervoeren alles op hun hoofd.

'Ik heb er zelfs ooit een gezien met een postzegel op haar hoofd. Ze had er wel een zware steen op gelegd, anders vloog die weg!' glimlachte de gastvrouw.

Tweezit

'De wereld is klein...' zuchtte de man.

Wij hadden mekaar nog nooit ontmoet en binnen de vijf minuten hadden wij zes, zeven gemeenschappelijke kennissen.

'De wereld is klein...'

En mij dunkt dat hij met de dag kleiner wordt. Maar 't kan dus ook wel aan de leeftijd liggen. Hoewel... Het kan ook met die verhuis naar dat appartement te maken hebben: die ruimte schijnt niet alleen kleiner, ze is het ook.

Maar er is geen alternatief.

Rilke had mooi schrijven van 'Wer jetzt kein Haus hat, baut sich keines mehr.'

De baksteen, die iedere Belg in zijn maag heeft, en ik dus ook, die is allang verpulverd. Pijnloos, zoals die niersteenverkruimelaars dat doen.

'Small is beautiful,' zeg ik, nu we toch aan het citeren zijn. Citaten sparen een hoop denkwerk uit.

Ik heb daar geen problemen mee. Op dat gebied ben ik zoals onze eerste minister: je kunt een probleem pas oplossen, als het er is. Ik ben zelfs al een eind verder: wanneer ik een probleem niet kan oplossen, dan verander ik een probleem. En je moet vooral geen problemen maken, die er nog geen zijn.

Laatst moest ik een verzenbundel inleiden van de Oost-Vlaamse dichteres Huguette Debacker uit het verre, maar niettemin herbergzame Grembergen. Eén van de mooiste versregels, die in die bundel staan, luidt:

'Het is nog herfst en ik heb al wintervoeten...'

Je moet de dingen kunnen relativeren, een gezonde vorm van pessimisme kan een mens helpen.

Zo zeg ik soms tegen jonge mensen, dat ze niet vroeg genoeg kunnen beginnen met oud te worden, want hoe vroeger je daarmee begint, hoe meer goeie, ouwe tijd ze zullen hebben, en dat kun je later best gebruiken om aan terug te denken.

Want niet alleen de wereld wordt klein als je ouder wordt,

ook de toekomst verschrompelt. Een mens moet zich aanpassen, dat is het enige wat hij kan doen.

Daarom hebben mijn vrouw en ik laatst nog een tweezit gekocht, volgens het vaste rollenpatoon: zij kiezen en ik sponsoren.

Een driezit hadden wij al, maar dat kan nog breed uitvallen, als de kinderen het huis uit zijn en je met zijn tweetjes alleen achterblijft. Een tweezit dus, een gemakkelijke, zo eentje, die een beetje naar het midden doorzakt.

In mijn rijke verbeelding zag ik ons 's avonds weer zitten als vroeger, in de tijd dat wij nog sprankelden als twee bruistabletten in hetzelfde glas. Toen konden we moeiteloos in één brede 'fauteuil'. Dat kan je echter op een bepaalde leeftijd niet meer maken zonder een heupontwrichting te riskeren, of een arm die onverhoeds uit zijn kom schiet.

Een tweezit dus. En weer met de handjes in mekaar, als er niemand is. Want als we bezoek hebben, dan doen we precies of we mekaar al vijfenveertig jaar kennen. Ik zit er dan bij als een bidsprinkhaan, die normaal door zijn wijfje opgevreten wordt na de bevruchting, maar in mijn geval heb ik uitstel van executie gekregen, maar dan wel op zeer strenge voorwaarden.

Hij staat er nu, de tweezit. We hebben hem ingewijd. We hebben samen naar de televisie gekeken, met onze voeten comfortabel op het tafeltje, naar *Blokken*, met vragen die zelfs op een examen voor dozenopener niet zouden misstaan. Daarna naar *Mooi en meedogenloos*, waar ik normaal altijd jeuk van krijg in de liesstreek, gevolgd door een opdringerige neiging om op stap te gaan tot in de vroege morgen. En dan nog *Thuihuis*, waar alle problemen van deze tijd overzichtelijk en op een didactisch verantwoorde manier, ja zelfs spelenderwijs, aan het publiek worden voorgesteld. Dat gaat dan van aids, over echtscheiding, werkloosheid en hypothecaire leningen, drugs en ontucht op jeugdige leeftijd, onbemand moederschap en geweldpleging met voorbedachten rade, en meer van die leuke dingen.

Daarna kwam gelukkig het echte nieuws, met de inleidende, wat gemene glimlach van Bavo Claes, als wilde hij ons duidelijk maken: veel goed nieuws heb ik ook niet, maar je moet er niet te zwaar aan tillen, ’t is gelukkig allemaal nogal veraf.

Wat heb ik nu al heimwee naar Walter Zinzen. Dat was nog eens echt slecht nieuws.

VERONTRUSTEND NIEUWS

Als er nu iets is waarvan ik dacht dat het nooit zou kunnen gebeuren, dan is het toch het bericht dat de paus zijn rekeningen niet meer kan of wil betalen.

En dat stond dan nog in een krant die helemaal niet antiklerikaal is, integendeel, een krant die op haar eerste pagina duidelijk 'AVV-VVK' afdrukt. Maar dat is tegenwoordig blijkbaar ook al geen alibi meer om dit soort smerige berichten even achter te houden tot men volledige zekerheid heeft. Want dat is natuurlijk een vergissing.

Waarover gaat het?

De directeur John Mackenzie heeft verklaard dat zijn visbedrijf om de veertien dagen 200 kilo gerookte zalm naar het Vaticaan stuurde en dat hij zeer vereerd was met de vrome bestelling. De factuur was iedere keer 129.000 frank. Maar na een half jaar en verscheidene aanmaningen moest John Mackenzie constateren dat de paus niet betaalde. 'Geld uit Vaticaanstad ontvangen is een even groot wonder als 5.000 mensen voeden met twee broden en vijf vissen,' besloot John bitter.

Ik geloof daar geen fluit van, en ik denk bij mezelf: het moest ervan komen, die journalisten tegenwoordig willen allemaal hun primeurtje hebben. In het binnenland zijn ze bij ons ongeveer rond, want straks wil niemand hier nog minister worden. Want als je geen BTW of geen belastingen meer mag ontduiken, als je niks meer in het zwart mag doen, als je met niemand meer mag gaan eten in een prijzig nouvelle-cuisine-restaurant, en als je nooit eens een gift onder de tafel mag aannemen om er achteraf goede werken mee te doen, tsja, wie gaat er dan nog in de politiek? Wie wil er dán nog minister worden? Geen enkele avond meer thuis, geregeld naar het buitenland, altijd van dat restauranteten en bij mensen komen, die niet weten dat de champagne al langs je oren uitkomt, en toch maar moeten drinken. En dan zit je ergens in Moldavië of Oezbekistan, waar ze nog geen televisie hebben, en dan krijg je een telefoontje, dat ze van je afwezigheid ge-

bruik hebben gemaakt om je pedofiele neigingen achter de rits te schuiven. En dat wordt dan nog geschreven door een journalist die ooit met een zatte kop iemand heeft doodgereden, en vluchtmisdrijf heeft gepleegd. Je hebt dat toen kunnen regelen, maar dat is die koekoek blijkbaar even vergeten.
Maar intussen zit je ermee. Je hebt dan wel mooi zeggen dat je spijt hebt dat je die ondankbare job aanvaard hebt. Het onheil is geschied, en waar rook is, is vuur, zeggen de mensen. Dus wil niemand straks nog minister worden en moeten die sensatiejongens naar het buitenland.

En dan maar ineens de paus, denken ze. Die kan zich toch niet verweren, want die kan moeilijk in de loge van het Sint-Pietersplein *urbi et orbi* gaan vertellen dat die niet-betaalde rekeningen eigenlijk te wijten zijn aan de vergetelheid van een oude kardinaal, die voor de vis verantwoordelijk was, maar die Altzheimer heeft. Ze hadden hem de vis gegeven, omdat dat ook niet meer zoveel gegeten werd, sinds dat niet meer verplicht is op vrijdagen en quatertemperdagen. De paus had al aan de hoofdbankier van de curie de opdracht gegeven het stoeltjesgeld te indexeren en de schuld in te lossen. En er zou een rechtzetting komen in de Osservatore, maar meer kan de Paus ook niet doen. Hij kan moeilijk vanop zijn balkon gaan vertellen dat hij al ooit betere zalm gegeten heeft dan die van die Mackenzie, en dat die wel zégt dat hij een opdracht heeft, maar dat de paus persoonlijk niks van die aard ondertekend heeft. Tenzij een van zijn plaatsvervangers het gedaan heeft, toen hij in het ziekenhuis lag met die ingewikkelde appendicitis, of toen met die heup in de badkamer.

En die verwijzing naar de vermenigvuldiging der broden en die wonderbare visvangst vond hij ronduit belachelijk.

Dat was in heel andere omstandigheden, want als dat vandaag de dag weer zou gebeuren, dan werd Christus zeker en vast aangeklaagd wegens concurrentievervalsing, dan stond de middenstand op zijn kop.

Je kunt tegenwoordig geen goed meer doen. Maar dat ze dat zonder natrekken ook nog publiceren in serieuze, zogezegd katholieke gazetten, dat doet de Heilige Vader pijn.

Als dat nu morgen ook nog verschijnt in het Parochieblad, dan hebben we het helemáál gehad.

Je moet tegenwoordig nergens meer van schrikken.

En zeggen dat de Kerk in de laatste eeuwen zoveel gedaan heeft om het visverbruik te verhogen.

Bij het opstarten waren het wel allemaal vissers, maar toch.

Meneer Mackenzie had daar toch eens even aan kunnen denken. De ondankbare kinkel!

O POES

Zo achteraf bekeken heb ik eigenlijk geluk gehad, want het heeft geen haar gescheeld of ik zat ook in een 'sekte'.

Een katholieke, maar toch. Je leest daar de laatste tijd nogal veel over. En hoe meer ik erover lees, hoe meer ik ervan overtuigd geraak, dat ik aan een groot gevaar ontsnapt ben.

Want als ik de criteria naga, waaraan een sekte moet beantwoorden, dan klopte dat voor tachtig, negentig procent. Je moest minderjarig zijn, en dat was ik. Minderjarig en kneeden beïnvloedbaar. Als ze mij in die tijd van het Klein-Seminarie zouden hebben verteld dat de engelen niet alleen vleugels hadden, maar ook nog zwemvliezen tussen hun tenen om het Meer van Genesareth onder water te kunnen oversteken in recordtijd, ik zou daar geen moeite mee gehad hebben. Ik geloofde alles, vooral als mijn Geestelijke Leider dat zei.

Want wij hadden ook een Geestelijke Leider. Dat is ook één van de criteria voor een sekte. Bij die Geestelijke Leider moest je biechten, want die moest alles van je weten. Ik moet bekennen dat ik op dat punt wel eens gefoefeld heb, en dat ik sommige zonden, vooral die tegen het zesde gebod, bij een 'vreemde biechtvader' ging biechten, want ik vond dat mijn eigen Geestelijke Leider geen slechte gedachten over mij mocht krijgen. Dat kon ik hem niet aandoen.

Bovendien had hij al werk genoeg om mij te indoctrineren. Ook nog een voorwaarde voor een sekte. Dat gebeurde ook op de retraites en bezinningen, want wij moesten veel bidden om aan de verlokkingen van de wereld te kunnen weerstaan en de duivel, de wereld en het vlees op afstand te houden. Daarvoor moesten we ook boete doen en we kregen een hoop relevante voorbeelden als model. Mannen, die zonder hun familie te verwittigen naar een hete woestijn trokken en daar in een spelonk neerhurkten, zich niet meer wasten, hun baard lieten groeien en hoopten dat daar een of ander Arabier zou voorbijkomen, die Barmhartige Samaritaan zou spelen en een pakje koeskoes van zijn kameel zou afhaken.

Of van die heiligen, zoals Sint-Laurentius, die geroosterd

werd en na een tijdje tegen zijn beulen met de glimlach zei: 'Zou u mij a.u.b. eens willen omdraaien, want die ene kant is gaar.' Heilige Barbecue dus. Of nog een andere heilige, die zich drie keer per dag tot bloedens toe geselde en 's nachts nog een riem met scherpe, stalen pinnen rond zijn lijf sjorde. Gewoon voor het plezier van af te zien, want die deed de hele nacht natuurlijk geen oog dicht. Bij elke beweging staken die spijkers door zijn lijf. Ben ik dáár even mooi aan ontsnapt. Want andere criteria klopten ook allemaal: wij hadden een breuk met onze familie. Wij mochten maar om de zeven, acht weken nog eens naar huis, tenminste als we niet gestraft waren. Zelfs met Kerstmis moesten we daar blijven, want dat was een 'familiefeest'. Dus thuis telde niet meer mee. Voorts moest je klerikaal zijn, verering hebben voor de Grote Leider. Dat was toen Pius XII, Eugenio Pacelli, die zijn eigen kenwijsje had 'Eviva Pio Duodecimo, Padre nostro et Papa'. In '50 heb ik hem eens gezien: ze droegen hem in een stoel en in stoet voorbij. Ik had het gevoel dat Paulus kreeg, op weg naar Damascus, een soort bliksemschicht, die op mij neerkwam.

Gelukkig had ik geen paard om van af te tuimelen. Ik had dus alles om sektelid te worden. Behalve het laatste punt. Dat had met geld te maken. Je moest al je centen in het offerblok steken of sparen om de heidenen te bekeren, en afstand doen van alle geneugten des vlezes. Ik wist in die tijd nauwelijks waarover ze het hadden. Van Jeanne d'Arc wisten we alles, maar van de Mata Hari hadden we nog nooit gehoord. Ze deden over al die dingen onder de gordel zo lelijk, en ze waren er zo op tegen, dat het mij allemaal een beetje verdacht voorkwam.

Toen ik tijdens de vakantie, op kamp met de KSA, de proost er bovendien op betrapte, dat hij zijn soutane aan de voorkant ophefte en schaamteloos met een brede straal in een zijrivier van de Ourthe begon te plassen, toen kreeg mijn roeping een fikse deuk. Toen heb ik voor de wereld gekozen. Want plassen, tot daartoe, maar je mocht er in geen geval plezier aan beleven. En dat deed hij.

Het jaar 2000

Het is de eerste keer dat ik misschien de kans krijg om het mee te maken, maar ik ben er toch redelijk gerust in. Ik bedoel: zo'n eeuw die op haar einde loopt en een nieuwe die begint.

Er zijn al mensen die de dagen af beginnen te tellen. Ik passeer elke dag een bedrijf dat mij vroeger digitaal liet weten hoe laat het was en hoe koud of hoe warm ik het had, en nu glinsteren daar alle dagen cijfers die mij moeten duidelijk maken hoeveel keer ik nog moet slapen voor het jaar 2000 aanbreekt.

Er zijn mensen die daarvan wakker liggen. Die denken dat er vreselijke dingen te gebeuren staan bij de eeuwwisseling. Persoonlijk ben ik daar redelijk gerust in, en ik blijf er niet voor binnen.

Ze blazen dat, volgens mij, een beetje op. Er zijn natuurlijk altijd bepaalde creaturen die goedgelovige mensen bang willen maken. Die de meest onwaarschijnlijke rampen voorspellen: pest, hongersnood, cholera, en nog andere ziektes die nog erger zijn dan aids, ebola en kanker. Die geheimzinnige buitenaardse wezens naar hier laten komen, superintelligente krengen, met een veel te groot hoofd en grote groene ogen, die alles wat wij plezierig vinden, komen afschaffen. En als we niet braaf zijn, dan doen ze iets in het drinkwater, dat ongeneesbare virusinfecties veroorzaakt, waarvan je schimmels krijgt onder je oksels en in de liesstreek, en die tot gevolg hebben dat je sluitspier verslapt, zodat je na een paar dagen al uitdrogingsverschijnselen vertoont.

Eén grote ellende dus.

Niemand zal gespaard blijven, behalve natuurlijk een bepaalde sekte, die weer eens een voorkeursbehandeling geniet en die immuun is tegen al die dingen, omdat 'hun' water uit de Jordaan het enige echte geneeskrachtige water is. Want het worden tegen het Jaar 2000 schitterende tijden voor de sekten in het algemeen en de godsdiensten in het bijzonder.

We gaan weer wat meemaken. Precies zoals in de oorlog.

Toen had je ook mensen die in vredestijd allergisch waren voor wierook, en die nog nooit een kerk aan de binnenkant gezien hadden. Maar in '42 baden die Christus van het kruis af, gingen barrevoets te voet naar Scherpenheuvel, beloofden onder de Vliegende Bommen ettelijke boetereizen naar Lourdes. De offerblokken waren te klein, ze brandden elke dag een kaars voor de Heilige Rita, patrones voor de hopeloze gevallen, en tot het einde van hun leven zouden ze de paus blijven sponsoren, zelfs als het een Waal was.

Ik heb ze gekend. Zwijg. Ik ken ze. Ik kan er boeken over schrijven, over die zogezegde 'bekeringen'.

Zelfs in vredestijd kom je er tegen. Een wilde jeugd, de lol kan niet op, en op een dag: blikseminslag van hogerhand en Opus Dei.

Dat dacht ik een tijdje geleden, toen ik in de krant een foto zag staan van iemand die ik kende. Ik zeg bij mijzelf: dat gezicht heb ik nog gezien, en jawel, hoor, het stond eronder: Claude de Villenfagne de Vogelsanck, surnumerair van Opus Dei.

Meer dan vijftig jaar geleden zat ik naast hem in de kapel van het Klein-Seminarie van Sint-Truiden. Ik was een vrome jongen, want het zat er toen nog dik in dat ik heidenen zou gaan kerstenen aan de kanten van Lubumbashi of Kisangani, met water uit de Congostroom, echt en natuurlijk water. Terwijl ik ijverig zat te bidden, speelde het toekomstig Opus Deilid met twee witte muizen. Hij stak ze onder zijn jas ter hoogte van zijn oksel in zijn mouw en ving ze even later aan zijn polshorloge op. Nu wist ik wel dat Sint-Franciscus ook iets met beesten had, maar toch niet in de kerk. Ik vond het toen doodzonde. Claude niet, want hij nam ze zelfs mee te communie, in een doosje. En als je goed luisterde, hoorde je ze piepen.

Ik was ervan overtuigd dat Claude in de hel zou komen. Of toch minstens veertig, vijftig jaar vagevuur. Maar met Opus Dei is het natuurlijk opgelost. Zo kan hij probleemloos over de drempel naar de volgende eeuw, en daarna zien we wel, zal hij zeggen. Want die muizenkeuteltjes in zijn zakken, terwijl hij ter Heilige Tafel naderde, dat is hem natuurlijk allang vergeven.

Dames

Vrouwen, je hebt ze nodig, maar het is raar volk. Ze hebben bijvoorbeeld altijd gelijk, ook als ze ongelijk hebben.

Je komt moe en afgemat thuis, het hoofd vol reuzel, je vreest dat je in de incubatieperiode zit van hepatitis B, herpes genitalis en lepra tegelijkertijd, en je wil eigenlijk maar één ding: languit liggen en nergens aan denken.

Maar voor je je sleutel in het sleutelgat van de voordeur hebt kunnen morrelen, gaat die deur al open. In het deurgat staat een kittig vrouwtje, vinnig als een van die vrouwtjes uit de eerste stomme films: 'Zie je niks?' kirt ze, want de stomme film is natuurlijk allang verleden tijd.

'Zie je niets?'

Ik kijk. Aandachtig. Naar haar. Van boven tot onder. Tot op de rand van het onfatsoenlijke, want ik sta nog altijd op de deurmat.

Ik zie niks. Ik zie nooit iets.

Ofwel zie ik iets, wat er allang was, of iets wat ik beter niet had gezien.

'Maar enfin! Zie jij echt niks?'

Ik kijk naar haar jurk, maar die heeft ze nog al aangehad, denk ik, ik kijk naar haar oorlellen, haar voeten... Ik zie niks! Maar helemaal niks!

'Maar zie je dan echt niet dat ik naar de kapper geweest ben?'

Net op het moment dat ik wilde zeggen dat ze daar dringend eens naartoe moest, dat er eens wat met haar haar moest gebeuren, dat het zo echt niet verder kon, dat de mensen zouden denken dat ze geen geld had om naar de kapper te gaan...

Ze was geweest, nu.

Maar ik had als buitenstaander natuurlijk het verschil tussen voor en na niet gezien.

Dat is trouwens niet de eerste keer.

Ze heeft me ooit nog eens enthousiast verteld dat ze naar de kapper geweest was, en toen vroeg ik argeloos of de man niet thuis was. Want je kon niet merken dat er iets met haar haar was gebeurd. Hooguit denken dat de kapper halverwege de behandeling dringend was weggeroepen, omdat zijn vrouw bevallen was van een drieling.

Ik zie dat dus niet.

Dat nieuwe jurkje. Die zetel, die ze van plaats verwisseld heeft met dat tafeltje. Die schoenen uit de solden tegen één derde van de prijs. De draperieën en de gordijnen, die ze eigenhandig gewassen heeft.

Het opgepoetste zilverwerk of de kristallen luchter, die een schuimbad heeft gekregen. De toonzaal van Val Saint-Lambert is er niks tegen...

Ik zie het allemaal niet.

Tot haar grote teleurstelling. Ik zie het pas als zij het verklapt heeft, maar dan is het in haar ogen natuurlijk te laat. Soms haalt ze dan voorbeelden aan van andere mannen, die dat dadelijk zien, die dadelijk zeggen dat ze er echt beeldig uitziet met dit of met dat. Natuurlijk allemaal één voor één mannen die al jaren met een andere vrouw getrouwd zijn. Bij wie ze ook niks zien. Het erge is: ik zie dat bij andere vrouwen ook niet. Ik voel mij op dat gebied een stuntel, een waardeloos stuk ongedierte, dat gespeend is van elke vorm van goede smaak.

Ik probeer dat op alle mogelijke manieren goed te maken, maar zij is nijdig en kribbig op het hoekje van de zetel gaan zitten, gehuld in een broeierig zwijgen. Ze kijkt onbewogen voor zich uit. Alsof ze in de file staat.

Dit zijn de gevaarlijkste momenten uit een huwelijksleven. Momenten, waarop je het risico loopt dingen te gaan beloven waar je straks spijt van gaat hebben.

Ik weet het, ik weet het.

Maar ik kan het, helaas, niet helpen.

SPELLETJE EN PROBEREN BIJ TE BLIJVEN

Hoe ouder hoe moeilijker het wordt, maar ik doe toch nijver mijn best om bij te blijven. Daarom kijk ik als het enigszins kan, ook altijd naar die programma's van Goedele Liekens. Ik neem die zelfs op, want op mijn leeftijd val je al wel eens in slaap, hoe interessant het ook allemaal is. Bovendien zijn er soms onderdeeltjes, die ik niet zo best begrijp, en als je ze dan herbekijkt, dan snap je het weer.

Want ze gaan soms te snel voor mij.

Ben Crabbé, met *Blokken,* probeer ik al niet meer te volgen. Daarvan zouden ze voor mij een aparte versie in slowmotion moeten maken. Nog een geluk dat het bij Goedele niet altijd van die vluggertjes zijn, en zoals gezegd: ik neem ze op.

Want ik wil precies weten wat ik in mijn vorig leven allemaal fout gedaan heb, en wat ik gemist heb, en ik wil in de mate van mijn kunnen nog zoveel mogelijk goedmaken. Daarom vind ik die band van die seksspelletjes zo boeiend. Een mens is gepensioneerd en dat heeft dan een hoop lege tijd, die je zo zinnig mogelijk op moet zien te vullen. Tot Goedele kwam, zag en overwon, deden wij alleen maar scrabble en kruiswoordraadsels.

Nu zal je zeggen: scrabble tot daar toe, maar kruiswoordraadsels oplossen is toch een spel voor eenzamen, dat doe je toch helemaal alleen?

Wij thuis niet!

Wij spelen dat gezellig met zijn tweetjes.

Mijn vrouw zit aan tafel met de krant onder de lamp en ik zit met de zapper naar de televisie te kijken. Want ik zap graag. Ik zie graag zo'n twintig programma's tegelijkertijd. En naar één programma alleen kijken, als je met zijn tweetjes een kruiswoordraadsel aan het oplossen bent, vergeet het maar, dat gaat niet, dan mag het nog een erotische thriller zijn op VT4.

Niet te doen.

Want zij roept om de twee minuten iets in de aard van:

'Een verzetsbeweging ergens in Europa!?'

'Hoeveel letters?' vraag ik dan altijd, terwijl ik gauw van Arte naar CNN zap. Want ze vergeet altijd te zeggen hoeveel letters het zijn.

'Drie!'

'Heb je al een letter?' vraag ik dan. Want het kan natuurlijk ETA of IRA zijn.

De laatste letter blijkt een 'a' te zijn. Daar schiet ik dus niks mee op.

Zij geeft dan een ander probleem, dat vlak in de buurt ligt:

'Tovenaar die boze geesten oproept?'

'Hoeveel lètters?'

'Vijf!'

'Goëet!'

'Goewat?'

'Goëet!' Ik spel het. Want zij vult de kruiswoordraadsels in en ik los ze op.

Na een halfuurtje roept ze triomfantelijk dat ze alles heeft.

Ik wens haar dan telkens ook hartelijk proficiat.

Dat hoort zo in een goed huwelijk: je moet op een gezonde manier samenwerken, maar iemand heeft altijd de eindverantwoordelijkheid. Al wordt het op de duur wel een beetje eentonig.

Misschien, heb ik tegen mijn vrouw al gezegd, bieden die seksspelletjes van Goedele nog een oplossing voor de toekomst. Maar zij vreest van niet.

Want uit de video blijkt dat de interessantste met vier gespeeld moeten worden. En na rijp overleg zijn wij allebei tot de conclusie gekomen dat wij ons liever niet belachelijk laten maken.

We zullen het voorlopig nog maar bij die kruiswoordraadsels houden. Dat lijkt me al moeilijk genoeg.

Kommer en kwel

Ik zal in deze tijd wel niet de enige zijn, die zich afvraagt waar het met de wereld heen moet. Ze heffen het deksel van de ene beerput na de andere op en het stinkt zoals het nog nooit gestonken heeft. En van stank weet ik een en ander, want mijn geboortedorp is Tessenderlo en daar stonk het al, toen ik nog in de wieg lag. Van het moment dat ik begon te ruiken, stonk het daar al.

Maar ze hebben die stank daar ook vervangen door 'geurhinder' en 'reukoverlast', en met de ramen dicht en een ontgeurspray onder hun oksel kunnen de beleidsmensen er nu diepzinnig over praten aan de hand van metingen, die ze doen als de wind van de andere kant komt.

Maar vandaag zijn er nog andere geurtjes, die mij veel meer verontrusten.

Zoals dat bericht van die Ierse afvallige bisschop, Michael Cox, die op zichzelf wil beginnen en die zijn beminde gelovigen voorstelt telefonisch te biechten.

Daar valt natuurlijk wel iets voor te zeggen, want mensen die een beetje afgelegen wonen, sparen een verplaatsing uit en ze hebben geen parkeerproblemen, want tegenwoordig is het soms aan de kerk nog moeilijk om een plaatsje te vinden. En 't is meestal betalen geblazen.

Nu is dat biechten per telefoon ook wel niet gratis: één Ierse pond, 52 frank, per minuut. Dat is niet niks. Maar je kunt wel wachten tot het pond op zijn laagst staat, en als je je lijstje met zonden fatsoenlijk voorbereidt, dan kan je het toch min of meer onder de minuut houden, met een beetje oefening.

En benzine kost ook geld. Heen en weer naar de kerk, dat wordt gewoonlijk niet in rekening gebracht. En als je het thuis kunt doen, net zoals homebanking, dan moet je je niet omkleden, en je kunt intussen nog rustig je aardappelen schillen of de schorseneren witschrapen.

Er is dus voor en tegen.

Spijtig echter voor Michael Cox: een woordvoerder van de Ierse rooms-katholieke Kerk heeft al laten weten dat die biecht per telefoon niet telt, dat die biecht als sacrament geen waarde heeft. En dat is natuurlijk slecht nieuws, want dan is dat Ierse pond per minuut verloren geld. En dan kun je er beter mee naar de Lotto. Dan ben je die 25 frank ook wel kwijt, maar je hebt tenminste een paar dagen de illusie van potentieel miljonair te zijn.

Ik wist het eigenlijk vooraf dat de Kerk zo zou reageren, ook al is het in deze tijd, met de GSM's en die autotelefoons een stuk gemakkelijker. En de telefoon is op een manier ook nog erg praktisch: ze kunnen aan je gezicht niet zien dat je liegt, of dat je overdrijft, of dat je nog iets achterhoudt voor de volgende keer. Ze kunnen je langs de telefoon niet zien blozen.

Tenminste 'nog' niet, want straks komt dat ook nog.

Als ik zoiets lees, vraag ik mij telkens af waar we met deze wereld heen gaan. Ik probeer wel een eindje te volgen, en voor mijn part mogen ze morgen het wijwater in spraybussen verkopen, maar dan wel zonder CFK's. Ze mogen bewaarmiddelen in de hosties doen en er een houdbaarheidsdatum met codestreepjes opzetten, ze mogen een fiscaal aftrekbare Volle Aflaat lanceren, en vragen of je op je bank geen vaste opdracht kunt geven voor het stoeltjesgeld en de gebedsintenties, dan hoef je niet élke zondag meer te komen. Maar ze moeten toch ook nog iets overlaten voor de mensen van het ouderwetse geloof.

De biecht hoorde daarbij.

Dan ging het deurtje open. De biechtvader zat daar in het halfdonker, met zijn stola aan en zijn zakdoek voor zijn mond. Misschien omdat hij verkouden was en vol microben zat, of gewoon omdat hij 's middags look gegeten had. En het rook naar goedkope aftershave, en je mocht al een en ander mispeuterd hebben, voor je meer penitentie kreeg dan 'drie onzevaders en drie weesgegroeten en een akte van berouw'.

't Verandert allemaal. Ik lees zelfs dat de lieveheersbeestjes een stormachtig liefdesleven hebben.

Ik zeg niet dat het onmogelijk is, van die lieveheersbeestjes, maar volgens mij beginnen ze de kerk een beetje te zoeken.

We lachen en kussen te weinig

Over de lachcursussen, de giecheltherapieën en de proestsessies heb ik het al eens gehad, - en dat ze een hoop lijfelijk ongemak kunnen voorkomen - maar nu lees ik ook dat niet alleen lachen gezond is, maar ook 'kussen'. En dat we dat volgens de onderzoeker veel te weinig doen.

Tijd voor een inhaalbeweging, zou Herman de Croo 'skertsend' zeggen.

Ik heb het nog geweten, dat je je bij elke zoen, waarin een beetje energie en fantasie geïnvesteerd werd, moest afvragen of het geen doodzonde was, maar wat toen 'zondig' was, heet nu 'gezond'.

Het heeft andermaal met 'endorfine' te maken.

Net als bij het lachen komt er ook bij het zoenen 'endorfine' vrij.

Tsja, dat wist ik ook nog niet, en je moet dus nu niet dadelijk een minderwaardigheidscomplex krijgen. Ik weet nu dat het wél zo is, maar wat 'endorfine' nu in wezen is, dat heb ik ook nog moeten opzoeken. Het blijkt een morfine-achtige substantie te zijn, die door de hersenen wordt afgescheiden en een pijnstillende werking heeft.

Morfine dus.

En een pijnstiller.

'Kusje geven en ... gedááááááááán!'

We hadden het kunnen weten.

Maar we wisten het niet.

Hoewel... Er was toch ook mond-op-mond-beademing, waarmee je zelfs iemand weer tot leven kon wekken, en dat is toch ook een vorm van zoenen.

Trouwens, dat zoenen pijnstillend is, en misschien zelfs een beetje slaapwekkend, dat zie je goed als ze in een film of op de televisie mekaar het merg uit het lijf beginnen te zuigen en te sabbelen. Dan gaan de ogen onmiddellijk dicht en dan heeft die morfine volgens mij al een beetje het effect van anesthesie.

Zoenen blijkt nog bijkomende voordelen op te leveren: het is ook nog een uitmuntend middel om tandbederf tegen te gaan, want wie grondig en professioneel zoent, die haalt het laatste draderig stukje kotelet wel tussen de kiezen uit en alle tandplak wordt keurig weggeschraapt.

Niets dan voordelen dus.

Ook nog voor de lijn, want tijdens de zoensessie verbruik je 6,4 calorieën per minuut.

Kus je slank, dus.

Ik neem aan dat het dan wel geen vluchtige kusjes moeten zijn, of van die zogenaamde 'luchtkussen'. Daar val je natuurlijk niet van af.

Als je wil vermageren, dan hoor je 'adembenemende zoenen' te geven.

Het komt allemaal een beetje laat, ik had deze informatie graag wat eerder gehad, maar het is toch een hele geruststelling te weten, dat kussen medicinaal zijn. Dat is tenminste eindelijk, samen met lachen, nog eens een activiteit, die de gezondheid niét schaadt.

Want er zijn verdorie niet zoveel plezierige dingen meer, die niet slecht en zwaar schadelijk zijn voor onze conditie: roken, eten, drinken, joggen. 't Is allemaal slecht op een zekere leeftijd.

Maar kussen niet, kussen is gezond.

Straks krijgen we van de dokter een voorschrift met als tekst: 'Drie keer proesten op de nuchtere maag, vier zoentjes voor het eten, drie keer per dag, 's avonds nog een kietelsessie en daarna een natte zoen.'

En de valium hoeft niet meer.

Toch mooi, dunkt me.

Allemaal zoenen dus, tot je lippen versleten zijn.

Want het klinkt tot hiertoe allemaal nogal zakelijk, maar zoenen heeft ook nog met een beetje romantiek te maken, en met houden van, met het raadsel en het mysterie, want we zoenen niet zomaar de eerste de beste. Het waarom daarvan vroeg zich die Duitse kater lang geleden al af:

'Manch ein schwer Problema hab' ich, prüfend in dem Katerherzen, schon erwogen und ergrundet, aber eins bleibt ungelöst mir, ungelöst und unbegriffen:

"Warum küssen sich die Menschen?"'

Dat de kater zich daarbij vragen stelt, is aannemelijk.

Als je je nummertjes moet opvoeren op de nok van het dak, in wankel evenwicht, dan is er niet veel plaats of tijd voor romantiek. Dan zou ik het voorspel ook maar tot het strikte minimum beperken.

DAS BROT DER FRUEHEN JAHRE

Soms, in mijn dromen, zie ik mijn moeder nog brood staan snijden: met de linkerhand drukte ze het verse brood tegen zich aan en in de rechterhand had ze het broodmes. Maar eer ze begon te snijden, maakte ze eerst nog een kruis over het brood. Svaders, soons, seiggeestesamen!

Voor oningewijden leek het waarschijnlijk een vreemde toverformule, maar voor ons was het brood pas eetbaar, als het gezegend was.

Eén keer per jaar kregen we zelfs een beet 'gewijd brood', dat door de pastoor himself gezegend was, met echt wijwater. Dat was tegen hondsdolheid. Op Sint-Hubertus, als ik het goed onthouden heb.

Brood! Vers brood! Oorlogsbrood!

'Geef ons heden ons dagelijks brood.'

Dat klonk toen heel anders dan nu, en ik zat er de laatste tijd soms aan te denken, als ik op de televisie die eindeloos lange vluchtelingenstroom als een kleurige reuzenslang zag voortbewegen in Kivu, oostwaarts, met een erg onzeker later, en veel, veel honger en dorst. Op de vlucht voor de pest. De pest van de oorlog, zoals de vlucht van Frau Griese van Marcel Beerten. Dit keer waren het duizenden zwarte Frau Grieses, met een kindje in de plooi van hun panje op hun rug en heel hun hebben en houden, have en goed in wonderlijk evenwicht op hun kroezelhoofd. Kilometers en kilometers ver. Op de vlucht voor de pest.

Soms, als onze laatste oorlog verjaart, laten ze ook nog eens van die houterige zwartwitbeelden zien van de vlucht van veertig. Een stoet van ellende, soms ook nog schaterend gemitrailleerd door Duitse Stuka's. Niemand begreep waarom ze dat deden, op onschuldige mensen schieten, maar de Duitsers deden dat, waarschijnlijk omdat Befehl Befehl was, en ze hadden kogels genoeg. En in de oorlog steekt het niet op een paar doden meer of minder. En het zijn alleen vitterige snulletjes, die dan termen gebruiken als 'moord met voorbedachten rade', dat is goed in vredestijd, maar toch niet in tijden van oorlog, waar je de kans krijgt een medaille te winnen, als je onbekende vrouwen en kinderen neerschiet.

De Duitsers waren daar toen erg goed in. Op die vlucht van veertig.

Als ik daaraan terugdenk, dan ruik ik de oorlog weer. De geur van buskruit en verbrande, verschroeide huizen, van dampende rubberbanden met wolken van roet, de geur van soldatenuniformen en zware, vettige, bespijkerde schoenen en laarzen, die hun oorlogslied door de straten van het dorp dreunden.

Maar ook de goede geur van brood...

Als ik de tientallen soorten van brood in de winkels zie liggen, samsonbrood en breugelbrood, brood met okkernoten en brood met ajuin erin gebakken, dan denk ik altijd terug aan het brood van Regina en Fons van de Grote, die aan de voet van de Rodeberg woonden, en waar ik in de oorlog soms met vakantie ging om aan te sterken.

Regina bakte haar brood zelf, in het bakhuis, waar de oven eerst gloeiend gestookt werd met een koppel mutsaards snoeihout uit het dennenbos vlakbij. Ik zie ze het brood nog kneden in de trog, het laten rijzen en daarna met een lange stok in de oven schieten.

'Brood in de oven schieten' was trouwens een spelletje, dat wij speelden in het gras. Ik vergeet nooit het moment dat het brood uit de oven kwam. Die geur, die warme, bedwelmende geur van vers brood. En dan die eerste korst, die we mochten doppen in warm spekvet of die we dik volsmeerden met verse boter, waar de zweetdruppels nog op stonden.

En 's avonds vroeg Regina, voor ze het brood een kruisje gaf, met glunderende stem: 'En hoeveel boterhammen moet ik afsnijden, hoeveel boterhammen ga je eten?'

Want volgens Regina moesten we goed eten, anders werden wij nooit groot. Ze had trouwens een jongetje gekend, dat te weinig boterhammen at, en dat geen spek lustte, en dat was maar zoooo groot geworden. Ze hield dan haar hand juist ter hoogte van het tafelblad. Een dwerg.

Na het eten zaten we buiten op de bank. Want er waren toen nog krekels. Oorlogskrekels, maar toch krekels.

AFHAKEN

Heinrich von Kleist, of iemand anders, heeft ooit eens een toneelstuk geschreven over een Gelaarsde Duitse Kater, die op een gegeven moment zegt: 'Ich spiele nicht mehr mit!'

Dat is zo een zinnetje dat ik de laatste tijd soms ook al eens zou willen zeggen. In het Nederlands, voor mij hoeft het niet meer, denk ik dan, ze kunnen wat mij betreft de pot op.

Ik zat de week na Pasen weer aan zee, op mijn privé-terras naar de mensen te kijken die voorbijglijden. Het is een van de liefste dingen die ik doe: mensen kijken. En dan neem ik er de honden graag bij.

Nu zit ik er mij al jaren zorgen over te maken dat de mens veel te vroeg rechtop is gaan lopen. Niet allemaal, maar toch veel. En met die honden erbij merk je dat goed op de zeedijk: de mens heeft zich te vroeg opgericht. Sommigen hadden er beter aan gedaan nog een hele tijd op vier voeten te blijven lopen, het zou veel comfortabeler geweest zijn, ik raak daar met de dag meer van overtuigd.

Als je toch ziet hoe sommige dikke mannen er moeite mee hebben om rechtop te blijven. Ze zijn topzwaar geworden, hun metacenterhoogte zou een meter moeten zakken. Daarom lopen ze met een belachelijk breed spoor, precies zoals een orang-oetang, die een flinke trap onder zijn kindergeld, op zijn familiejuwelen, heeft gekregen.

Soms houden ze halt en staan dan gesteund op de leuning van de zeedijk een beetje voorovergebogen te blazen. Weer halfweg viervoeter. Tussenfase.

Kreunend richten ze zich even later weer op. In plaats van zich gewoon te laten zakken...

Want, ze hebben hun conditie verwaarloosd, normale apen doen daar nog wat aan, en misschien zijn hun armen wel te kort geworden. Met die dikke buik.

Sommigen gaan zelfs achterover leunen om met die buik in evenwicht te blijven, en ze hebben dan een hond aan de leiband om zich voort te laten trekken.

Het is geen gezicht, maar wel efficiënt.

Er zijn er duidelijk bij die al jaren hun voeten niet meer gezien hebben.

Omdat ik een nette jongen ben, spreek ik alleen maar over hun voeten. Ze weten dat zelf goed genoeg, ze proberen er met een grapje van af te komen. Zo hoorde ik laatst nog een Nederlander zeggen, wijzend op zijn dikke buik: 'Nou, de binnenband zit erdoor, maar 't ventiel is nog best.'

Toch blijft het afzien, dunkt mij. Niet meer bij je eigen veters kunnen.

Al goed dat er binnenkort misschien weer schoenpoetsers in het straatbeeld zullen komen.

Dat is natuurlijk nog een oplossing voor die mensen. Ze zien dan het resultaat wel niet, maar ze lopen dan toch wat properder en wat stemmiger door het landschap.

Want eerlijk, het is soms geen gezicht: als je ziet wat daar voor je eigen ogen over het openbaar wegdek paradeert, voorbijschuift, glijdt en taffelt...

Zo kan de Schepper het toch niet bedoeld hebben, denk ik dan. Dit is niet meer mooi. Waar is de dichter gebleven, denk ik dan, de dichter die wilde vliegen, ontheven aan de aarde, Icarus, en veel vroeger nog, zoals blijkt uit de mythologie. Zelfs Eva was al een simpele duif.

En de allereerste versjes, gestameld in het Nederlands, waren toch 'hebban olla vogala nestas bigunnen hinase hic enda du.'

Daar zit ik aan te denken op mijn uitkijkpost aan zee, en soms heb ik dan zin om te zeggen: 'Ich spiele nicht mehr mit! Ze maken er toch maar een potje van.'

Maar gelukkig zijn er ook de surfers in de zee, die met hun plastieken zeiltje als sierlijke libellen over het water heenschieten, en ik weet dat er vanavond weer een prachtige zonsondergang is, met daarna als speciale attractie die komeet. Nog even blijven.

Sprookjes zijn bedrog

Het ellendige met sprookjes en met liefdesfilms is, volgens mij, dat ze maar de helft vertellen van het mooie weer.

Ik zat daaraan te denken, toen ik met een paar kleinkinderen naar *Sneeuwwitje* van Walt Disney zat te kijken.

Een mooi verhaal.

Maar ik twijfel eraan of het wel helemaal klopt.

De kijkcijfers liggen te hoog, ik vind dat altijd gevaarlijk.

Over die stiefmoeder wil ik het dan liever nog niet hebben.

Stiefmoeders, net als Wathelet, zijn al genoeg gestraft door het feit dat ze in de sprookjes 'vermeld' worden. Ze hebben, ten onrechte, altijd een slechte naam gehad. Ze worden altijd voorgesteld als krengen van vrouwen, bremheksen. En die kabouters, die laagstammige ettertjes, komen naar mijn gevoel veel te sympathiek uit de verf. Dat wou ik toch al even stellen.

Die worden overal voorgesteld als lieve, onbaatzuchtige en werkzame pummeltjes. Terwijl het in feite luie, ongeschoren bosmormels waren, en krenterige, verstokte vrijgezellen.

Want die eerste dag begon het al: Sneeuwwitje had natuurlijk een heel eind gelopen, achter die boswachter aan met zijn grote voeten en zijn lange benen, ze vertoonde al uitdrogingsverschijnselen en ze verrekte ook van de honger.

Dus dacht ze in het huisje van de kabouters: ze zullen me dat wel niet kwalijk nemen. En ze at een beetje van de overschotjes, en daarna viel ze uitgeput op de onopgemaakte bedjes in slaap.

Maar nauwelijks waren die zeven vettige knorrepotjes thuis, of ze hoorde ze al bezig met hun venijnige piepstemmetjes: 'En wie heeft er van mijn bordje gegeten?
En wie heeft er aan mijn glaasje gedronken? En wie ligt er in mijn bedje te slapen?'

En meer van dat moois.

Konden ze niet hebben, die truttige pukkelneuzen.

Maar ja, waar moest ze heen? Ze kende de streek niet en er zat niks anders op dan dáár te blijven en voor die luiwammesen te wassen, te plassen, te strijken en te koken. En dat valt

niet mee voor een prinses, als je er zomaar in één klap een kroostrijk gezin van zeven stuks bij krijgt.
Want ze had dan wel een stiefmoeder, maar er was wel personeel genoeg op het kasteel, dat kostte in die tijd niks.
Maar prettig is anders. Want ik spreek dan nog niet over hun 'ongewenste intimiteiten'. Ze noemden dat toen nog anders, maar ik kan het me levendig voorstellen: die vieze ventjes, die hun vieze handjes niet konden thuishouden.
Misschien normaal, als je daar zoveel jaren met zijn zevenen zonder één vrouw in een godverlaten bos gezeten hebt.
Maar wel vervelend.
En Sneeuwwitje zat er mee opgescheept.
En het ergste moest nog komen, na de vergiftigde appel en de prins. Later dus, toen ze weer op het kasteel was en volledig gerehabiliteerd. Toen begonnen ze moppen te vertellen. In de hele hofhouding deden achter de draperieën groezelige moppen de ronde over dingen, die notabene nooit hadden plaatsgegrepen.
Ze vertelden die moppen nooit waar ze bij was, maar ze zag wel dat ze over haar bezig waren en hoe de ridders stonden te hinniken en de hofdames maar kirren en gilletjes slaken, als ze het over die kleine, geile bosneukertjes hadden.
Plezierig is anders.
Maar prinsessen moeten zwijgen, ze mogen zich niet verdedigen. Daarbij, zo zijn de mensen nu eenmaal: zelfs als je de waarheid vertelt, ze geloven je toch niet.
Zelfs de prins, haar eigenste man, had er moeite mee. Ze voelde dat. Maar dát krijg je nooit te zien in een film.

BIJWOORDELIJKE BEPALING VAN TEGENSLAG

Het kan iemand soms tegenzitten in het leven. En je kunt daar altijd zelf niks aan doen.

Zo heb ik een vriend, die voor het geluk geboren scheen, maar toen hij trouwde, is alles fout beginnen lopen.

Om te beginnen kwamen er vijf kinderen, wat in die tijd al een beetje ongebruikelijk was. Maar ja, de condomen waren ook nog niet wat ze nu zijn, van de pil kreeg je toen nog een baard, en abortus, ja daar moest je voor zijn. Daar stond toen nog straf op, en het abortustoerisme naar Nederland stond toen ook nog in zijn babyschoentjes.

Dus bleef hij zitten met die vijf kinderen. Een kleine ramp, natuurlijk, vooral omdat hij ze allemaal nog streng opvoedde en dat ze bovendien verstandig waren.

Ze studeerden goed, en door die strenge opvoeding wilden drie van de vijf naar de universiteit om voort te studeren.

Heb het maar aan de hand. Je wordt dan wel een tijdje láter werkloos dan ongeschoolde kinderen, maar intussen kosten ze toch ook handen vol geld. Stukken van mensen. Hij moest ervoor lenen.

Bovendien kozen ze alle drie een weinig lucratieve richting.

De oudste werd dokter, kon dus later niet gaan doppen, moest leven van vijf patiënten per week. Je krijgt dan wel een hoop monsters en stalen gratis van de firma's, maar dan moet je ook nog ziek worden en nog uitgerekend de gepaste ziekte krijgen.

Ellende dus. En de vader maar weer sponsoren.

Heb het maar aan de hand.

De tweede, die werd veearts. Net op het moment dat het vee zo goed als op was en dat geen enkele koe, die een beetje hygiëne en zelfrespect had, zich nog door de eerste de beste stier wou laten doen. Daar kwam tegenwoordig geen stier en ook geen gewone veearts meer aan te pas, en dus verdiende die sukkelaar het zout niet op zijn patatten, zoals de boeren zeien.

Maar ja, hij was dan toch dierenarts en er was toch wel altijd ergens een kat in verwachting... Dat bracht wel niets op, want katten zijn geboren doe-het-zelvers, maar zo'n nest katten blijft toch nog altijd een mooi stilleven.

De derde zoon volgde archeologie tegen ook 200.000 frank per jaar en toen hij afgestudeerd was, trok hij met een truweeltje en een soort van gevoelige tandenborstel naar Klein-Azië om iets op te graven, waarvan ze niet helemaal zeker waren dat het zich daar bevond, en omdat de subsidies nog niet rond waren, kon de vader natuurlijk weer sponsoren.

De vierde zoon was een dochter en op haar had hij heel zijn hoop gesteld voor zijn oude dag. Maar die werd non. En niet zomaar gewoon non, neenee, non van het merk van Fabiola in Opgrimbie. Een beetje illegaal, maar kom. We leven toch ook maar in België, en Fabiola is iedereen niet.

De jongste zoon werd eerst burgerlijk ingenieur, en toen die ook zonder plaats zat, besloot hij een snelcursus voor pater te volgen en naar de krottenwijken van Brazilië te vertrekken. Die zou hij dus ook niet veel meer terugzien.

De andere drie zonen trouwden allemaal, voor de wet en voor de Kerk. Het bleef dus tegenslaan. Want in plaats van gewoon gezellig te gaan samenhokken, zadelden ze nu hun vader ook nog op met de kosten van een mis met drie heren, een feestmaal dat afschuwelijk veel geld kostte, en waarvan iedereen zei, dat het zonde was van de dukaten. Want zoals dat tegenwoordig ging in het huwelijk, kon het na veertien dagen alweer afgelopen zijn en konden ze beginnen kissebissen over welke stoel van wie was.

De pech bleef hem dus achtervolgen, want in plaats van uit mekaar te gaan, bleven ze netjes bij mekaar, bleven mekaar nog trouw ook, fokten als de konijnen, zodat de opa kon blijven sponsoren. En tot overmaat van ramp won zijn bloedeigen vrouw ook nog 45 miljoen met de Lotto.

't Is iéts, natuurlijk, maar je moet toegeven: wat doet een mens tegenwoordig nog met 45 miljoen?

Een beetje swappen, maar dat is het dan ook.

Moedeloos

't Kan zijn dat het door de warmte komt, maar er zullen toch ook nog wel een paar andere redenen zijn.

Zoals onder andere mijn brievenbus...

Als je tegenwoordig de eigenaar bent van een wat Bekende Brievenbus, dan stoppen ze daar bijna dagelijks ongevraagd een hoop papier in. En meestal zijn dat al dan niet veredelde bedelbrieven, soms in feestverpakking, soms in luxe-uitvoering, soms in milieubewust gerecycleerd 'oorlogspampier'. Welhaast dagelijks krijg ik de gelegenheid het Grote Wereldleed zonder Grenzen van de Mensheid te milderen door een persoonlijke, desgevallend zelfs fiscaal aftrekbare bijdrage.

Ik krijg er gewoon complexen van.

Soms is er ook wel eens een brief bij, waarin mijn vrouw de stellige belofte krijgt, dat ze op het punt staat 2.000.000 frank te winnen. Maar doorgaans is het allemaal kommer en kwel, behoorlijk eenzijdig verspreid over onze Blauwe Planeet. Maori's, kindjes in Manilla, Indiaantjes, landmijnkindjes, magere mensen in kampen, en dichterbij kankerprojecten... Het houdt niet op.

Ik word daar een beetje moedeloos van. Ik voel mij een beetje schuldig, want 'trop is te veel', denk ik soms, en ook dat daar toch allemaal nogal wat administratie komt bij kijken, en dat al die drukwerken en die postzegels, en de mensen die ze op die dure enveloppen plakken, toch ook betaald moeten worden. En of het wel allemaal op de goede plaats terechtkomt. En hoeveel...¿

Want vorige week ontmoette ik een man die in Burundi werkt, en die kocht daar in Bujumbura op de markt zoveel liters olie in het zwart als hij wou, allemaal olie met op de buitenkant als vermelding:

'Ontwikkelingshulp: mag niet verkocht worden.'

En ik ken nog wel meer wilde verhalen die de brave sponsorende burger tegen de borst stuiten. Met de belastingen is dat ook zo. Ik hoor veel mensen twijfelen. Mensen die zich afvragen of hun zuurverdiende centen wel gebruikt worden voor wat ze zouden moeten dienen.

Vorige week zat er op een morgen een heel andere brief in mijn bus. Een brief die mij een beetje troostte. Met een blaadje van een mooie, ouderwetse scheurkalender, meer precies van de achterkant van 20 juni, toen de zon nog opkwam om 5u.28 en onderging om 21u.58. In dat volle daglicht stond er die morgen ook een artikeltje, getiteld: MANAGEMENT. Met als tekst:

'Op het ministerie werd een man aangesteld om de asbakken op te halen en te ledigen. Om hem maandelijks te betalen, werd een kassier in dienst genomen. Om zijn loon te berekenen en de nodige inhoudingen af te trekken, werd een boekhouder aangeworven, die op zijn beurt hulp kreeg van een typiste. Dit pak mensen kwam onder de leiding van een chef te staan. Die kon dat echter niet helemaal alleen aan en kreeg een directeur boven zich. Er werd uiteraard ook een inspecteur aangesteld, die met de algemene supervisie werd belast.

Inmiddels was de afdeling zodanig gegroeid dat er een algemeen directeur moest worden aangeworven, uiteraard met bijbehorende redactiesecretaresse.

Maar toen moest er plotseling drastisch worden bezuinigd. De asbakophaler werd ontslagen... De anderen bleven in dienst.'

Tot zover de scheurkalender. Misschien kende u het verhaaltje al, want scheurkalenders barsten doorgaans ook weer niet van originaliteit. Maar ik vond het toch een mooi verhaal, en in de komkommertijd worden er in de kranten al wel eens meer minder originele lijken uit de kast gehaald.

De wereld zit toch gek in mekaar, denk ik dan.

Maar we staan er niet meer bij stil. Wij zetten 's morgens ons verstand op automatische piloot, we doen ons werk, we doen maar gewoon, dan doen we al gek genoeg. We leven zo naadloos mogelijk, we zijn verzekerd tegen alles, voor elk orgaan vinden ze wel een wisselstuk, en als de vrouw 's avonds niet wil koken, dan is er nog de afhaalchinees. Maar al die brieven in mijn brievenbus, ze wringen me toch een beetje.

VASTIGHEID

'Vastigheid,' zei Leonaar, 'vastigheid, dat is het enige wat een mens nodig heeft. De jeugd van tegenwoordig heeft dat niet meer en je ziet wat ervan komt...'

Ze knikten allemaal, want ze vonden dat Leonaar dit keer overschot van gelijk had.

Om te beginnen vastigheid in het werk, vond Richard, want wie is er nu nog zeker van een plaats. Hij had laatst op de televisie nog een juffrouw horen zeggen dat ze al 19 jaar in het onderwijs stond, - die was dus bijna aan haar pensioen toe - en nog altijd niet vast benoemd was.

'Was die getrouwd?', vroeg Sylvain een beetje heimelijk tussen neus en lippen.

Dat wist Richard niet.

'Vroeger vlogen de vrouwen in het onderwijs buiten, als ze spraken van trouwen,' zei Gerard, 'van vastigheid gesproken?'

Jamaar, jamaar, dat was iets anders. Dat vonden de anderen ook, dat wist je vooraf, 'en ik wil daarmee niet zeggen', zei Leonaar, 'dat het vroeger ideaal was.' Maar daar was toch meer 'vastigheid', dacht hij. In het weer bijvoorbeeld, daar kan je tegenwoordig toch geen staat meer op maken. En het eten? Er was vroeger misschien minder variatie, maar je hoorde toen ook niet spreken over cholesterol, en maagzweren, en boulemie en anorexia nervosa, daar hoorde je toch vroeger niet van.

Zwart brood met spek, en soppen, gewone kost, gebloemde patatten met ajuinsaus en een haring... Vastigheid... En 's avonds rijstpap of havermoutpap.

Ze hadden er allemaal goede herinneringen aan, want aan hen zou die meneer Montignac niet te veel verdienen.

Vastigheid! Ook in het huwelijk, ging Leonaar nog een stap verder, want Leonaar was al 45 jaar getrouwd, en dat kon tellen.

'Nog altijd getrouwd met mijn eerste vrouw,' zei hij altijd, en daar waren er die dat dan niet dadelijk snapten, daar had hij dan plezier in. Een vaste relatie, zoals dat heet, vastigheid, want anders hangt een vent te zwadderen zoals een nat hemd. Je geraakt op de sukkel, voor je het goed en wel beseft.

'Kijk maar eens naar Clinton,' opperde Sylvain, 'die heeft toch ook een hoop krengsel op zijn nek gehaald, omdat zijn handjes wat los stonden. En dat voor een mens met zo'n hoge post. Ik kan goed begrijpen dat er mensen zijn die zo'n man niet meer moeten hebben.'

'Och,' zei Fons, die het allemaal iets breder zag, 'ik denk dat dat erg overdreven is. Hoge bomen vangen veel wind, en ze blazen dat op. En ik denk dat die geleerde mensen op dat gebied geen haar beter zijn dan andere mensen. Je hebt dat toch ook gelezen van Mao-Tse-Tung, de Grote Roerganger, dat die zijn vrouw buitengezet had en op hoge leeftijd nog in zijn bed lag te stoeien met jonge, verse boerenmeisjes, die kirden van plezier. Want Mao, dat was iemand, dat was een soort god, en dus was het een eer, als je die eens mocht kietelen, en zo...'

Met Clinton was dat volgens hem juist hetzelfde: een paar deugnieten en onbetrouwbare trutten die daar een hoop geld probeerden uit te kloppen. Maar volgens Leonaar wilde dat toch niet zeggen dat je dat moest goedpraten. Persoonlijk hield hij het toch liever bij die ene vrouw, bij die vastigheid. Maar ja, zo'n president, met zo'n paar zotte koekentienen op kantoor, dat heeft natuurlijk meer occasie om al eens naast de pot te plassen.

'En nog eens, volgens mij wordt dat hard overdreven. Als een pastoor een pint drinkt, is hij een drankverslaafde, en als je vandaag de dag als grootvader je kleindochter eens op de schoot pakt, dan durven ze zeggen dat je een pedofiel bent. Een mens zou schrik krijgen,' zei Leonaar.

En daarom vond hij dat er best wat meer vastigheid kon komen. Op alle gebied.

Maar voor Clinton had hij begrip. Hij had die meisjes eens goed bekeken, die zogezegd met hem te doen hadden gehad. Hij had daar maar één woord voor: gelakte eenden waren het, voor geen haar te betrouwen.

En dat vond zijn vrouw ook.

En dat wilde toch veel zeggen.

Want als dié iets zei...!

FAMILIE

Een familie moet toch wel iets speciaals zijn, anders konden ze er niet zo'n lange serie van maken op de televisie.

Of die serie nu *Thuis* heet, of gewoon origineel *Familie*, of *Neighbours*, of *Mooi en meedogenloos*, 't blijft gelijk, overal komt dezelfde ellende terug. Herkenbare ellende, en om de haverklap een behoorlijke portie verdriet.

Ook dat zal wel stroken met de werkelijkheid. Want iedereen zou wel een drukke verjaardagskalender kunnen bijhouden van verdrietige gebeurtenissen. Veroorzaakt door bloedverwanten, vrienden en kennissen.

Want in elke familie zit wel ergens een kribbige tante met mistroostige wangzakjes, die haar maagzweer vertroetelt alsof het een dure smaragd is en die zich met alles bemoeit, behalve als er van haar een financiële bijdrage gevraagd wordt. Dan moet desnoods de staat maar tussenkomen. Of de huurbaas, want die stinkt van het geld.

Zo'n tantes vind je in elke familie.

En als die er niet zijn, dan is er wel een tobberige opa, een dikke pasjakroet, die hele dagen in zijn zetel zit te herkauwen en zeggen dat het vroeger beter was, dat er dringend nog eens een serieuze oorlog moet komen en dat de jeugd van tegenwoordig aan niets anders denkt dan aan seks. Maar studeren, dat zit er vandaag de dag niet meer in, dedju!

En over de politiekers is hij ook niet te spreken, allemaal maffia, allemaal zakkenvullers. Dat was in zijn tijd anders. Toen deden ze nog iets voor de mensen. Dedju!

't Is in al die feuilletons van hetzelfde. Precies of Abbé Pierre en Moeder Teresa nog niet uitgevonden zijn. Herkenbare toestanden zeggen ze dan, een spiegel van onze huidige samenleving. Virtuele realiteit.

Het kan best, natuurlijk. Maar ik heb het toch liever even anders.

Zoals laatst in dat rusthuis, waar ze gefilmd hadden. Ik voel me dan altijd een beetje ongemakkelijk. Een beetje indringer. Een beetje een voyeur, want die oude mensen weten niet eens wat een camera is. En dat die er is, want daar zitten mensen bij, die voor een deel in die andere wereld zitten.

Maar daar was nog een koppel bij, hij bijna negentig en zij achteraan in de zeventig. De vrouw zei eerlijk dat ze nog trouwplannen koesterde, maar hij vond dat het leeftijdsverschil te groot was, en hij stelde zich ruim tevreden met een samenlevingscontract, dat nog niet eens op papier hoefde te staan.

Ze zaten samen aan tafel en zij voederde hem, omdat het niet zo best meer was met zijn ogen. Ze roerde zijn koffie tot het klontje helemaal gesmolten was en toen bracht ze zijn hand tot bij het oortje van het kopje.

'Hij is niet te warm meer,' kon ik liplezen.

Daarna stonden ze in de tuin met wat verloren brood een paar haveloze duiven te voederen en zij maakte daarbij koergeluidjes. Hij liet haar maar doen. Toen gingen ze binnen. Zij bracht hem tot aan de deur van zijn kamer en zoende hem. De camera en ik keken onbeschaamd toe hoe zij mekaar zedig zoenden.

'Slaapwel. En tot morgen,' zei ze.

'As 't God belieft,' mummelde hij.

Zij keerde zich om, keek stralend in het oog van de lens, en op de montage hadden ze er een stukje muziek van 'Helmut goes Classic' ondergeschoven: 'Twee ogen zo blauw', dacht ik.

Heel gevoelig, maar voor 'zijn' ogen was het zeker niet bedoeld. Want die waren al een beetje grijs en glazig onder zijn versleten wenkbrauwen. Maar goed, je mag geen kommaneuker zijn in dit soort dingen.

Die mensen moeten toch ook aan de kijkcijfers denken.

't Moet goede slechte televisie zijn.

Mor- en hormonen

God achtervolgt je overal, zelfs als je er nog eens een paar dagen tussenuit bent geknepen en je denkt dat niemand je daar zal vinden. Ik verstop me de laatste tijd nogal dikwijls aan zee, in Oostende. Ik vind dat ik al dagen genoeg gesleten heb in een bosrijke omgeving, en ik wil eindelijk nog eens water zien. Veel water, dat geeft je een gevoel van oneindigheid en ruimte. Het maakt een mens wat lichter. Misschien komt dat ook nog een beetje door de wind, die daar altijd waait. Behalve als het géén wind is, natuurlijk.

In alle geval, feit is, dat ik aan zee twee kilo minder weeg dan op de plek waar mijn hoofddomicilie is. Precies twee kilo. Op slag.

In het begin lette ik daar niet zo op, maar tegenwoordig weeg ik mij altijd eerst nog even in de badkamer, vlak voor het vertrek, en als ik dan in Oostende aankom, nog eens. Onmiddellijk. Met dezelfde kleren aan. Het verschil is altijd twee kilo. Op de kop. Mijn vrouw beweert dat het aan de weegschaal ligt. Maar vrouwen, vooral eigenlijk vrouwen, zijn er altijd op uit een droom te doorprikken, vooral als die gedroomd wordt door hun eigen vent.

Ik voel me dus altijd lichter aan zee. 's Morgens al. Ik lig dan nog in mijn kajuit, vroeg wakker, nog wat te soezen, want alles mag, maar niks moet. En sinds ik weet dat er zoiets bestaat als een 'doezeltherapie', maak ik daar dankbaar gebruik van.

Meestal lukt dat. Maar dit keer had ik zonder de waard gerekend, in casu: God. Of toch een paar van zijn ijverige vertegenwoordigers hier op aarde.

Er werd gebeld. Als een mens dan incognito niemand verwacht, dan klinkt dat altijd een beetje onheilspellend. Maar ik deed of ik doezelde.

'Ik geloof dat de bel ging,' zei een bekende stem naast mij. Bij nader toezien was het die van mijn vrouw.

'De bél!' zei ze en ik kreeg een trap tegen mijn schenen, waarvoor zelfs Cantona met een rode kaart van het veld zou zijn gestuurd.

'Laat ze bellen,' gromde ik. Dat deden ze. Twee keer nu. Ik stond dan toch maar op, want je kunt nooit weten of er geen heraut buiten adem aan de deur staat om te melden dat er thuis een van je kleinkinderen in een beerput is gesukkeld.

Ik nam de deurtelefoon op en zei zo intelligent mogelijk: 'Hallo!'

Er stonden onder in de hal blijkbaar twee heiligen van de laatste dagen, die mij wilden komen spreken over de 'hoopvolle belofte'. Ze zeiden dat ze door God gezonden waren. Wat doe je dan? Dan geef je toch geen belet. Zo'n hoog bezoek!

'Wie is het?' riep mijn vrouw vanuit de slaapkamer. Want bij ons komt er niemand zomaar binnen, behalve als je van Electrabel bent en dan nog alleen maar om de meterstand op te nemen.

'Twee mormonen!' riep ik terug.

'Hormonen? Wat voor hormonen?'

Ze koopt alleen hormonenvrij. Toen ze de ware toedracht vernam, zei ze dat ik ze niet moest binnenlaten. Ik zei dat ze door God gezonden waren en dat ze al bezig waren met de lift ten hemel op te stijgen. Met hun 'hoopvolle belofte'.

Een heel halfuur lang hebben die jongens op mij ingepraat. Keurig, in hun zwarte pakjes. Twee afgestreken eetlepels openbaring, waar ik geen speld tussen kreeg, zeker niet op dit onchristelijk uur. Ik kreeg ook nog een mooi boekje van hen. Gratis. Als bewijs dat er voor mij toch nog enige hoop was, zeiden ze. Ze vroegen ook of ze nog eens mochten terugkomen. Ik was niet erg enthousiast, maar ik heb toch maar ja gezegd.

Toen ze weg waren, kroop ik weer tussen de lakens.

'En?' vroeg mijn vrouw. 'Zijn ze weg?'

'Ja,' zei ik. En ik beloofde mijn leven te beteren en de gelegenheden tot zonde te vluchten. Was dát even lang geleden!

Tante Post...

De kolonel krijgt nooit post.

Maar ik wel.

En meer dan mij lief is.

Als ik 's morgens mijn bus licht, en als daar dan brieven inzitten, dan krijg ik altijd van die angstige voorgevoelens. Ik denk dan altijd aan slecht nieuws.

Wanneer het van die vensterenveloppen zijn in ontmoedigend bruin, komende van het ministerie van Financiën, dan ben je natuurlijk zeker dat er niks opwindends zal instaan.

Met doodsbrieven trouwens ook. En die krijg ik de laatste jaren meer en meer, want er wordt wat afgestorven, als je een beetje ouder bent.

Je herkent die brieven ook dadelijk. Met zo'n grijs of zwart rouwrandje.

Het duurt altijd even om ze open te doen. Want 't is natuurlijk droevig nieuws, maar het blijft toch altijd een verrassing: wie heeft het dit keer definitief laten afweten?

Soms zijn het zelfs mensen, die je van haar noch pluim kent, kennissen van kennissen, die je laten weten dat je in het vervolg nooit meer naar die persoon moet informeren. Ik vind het dan moeilijk om verdriet te hebben.

Ook voor personen, die nog uit de vorige eeuw dateren. Je kunt dan hooguit een beetje spijt opbrengen, omdat ze net de honderd niet gehaald hebben, maar daarmee houdt het dan ook op.

Misschien waren ze zelf ook niet zo happig om de eeuw rond te maken, want op je honderdste verjaardag wordt er toch maar wat met je rondgesjouwd en ze houden een feest met op het menu allemaal dingen, die je toch niet meer mag eten. Soms komen er zelfs journalisten met van die moeilijke vragen: je moet je geheim verklappen, hoe je erin geslaagd bent het zolang te laten duren. Terwijl er natuurlijk helemaal geen geheim is: je hebt gewoon geluk gehad, omdat je wat beter tegen de ellende kon dan de anderen. En voorts geduld hebben. Veel geduld.

Het ergste wat er in mijn bus kan vallen, zijn die vakantiekaartjes. Die geestdriftige, kleurige prentkaartjes met zonnige groetjes uit Tirol, waar ze in korte lederhose op een berg hebben zitten jodelen. De berg staat erop, en op die berg een inboorling die op zo'n lange pijp staat te blazen om zijn koeien te verwittigen dat ze naar het dal moeten komen om gemolken te worden.

Of uit een ver zuiders land, waar het bloedheet is, waar ze na een halve dag strand al blaren trekken en de eerste nachten niet in hun bed durven te gaan liggen, want ze zijn verbrand tot in de derde graad en het laken voelt aan als een bedje brandnetels. En als ze dan toch even inslapen, worden ze om de haverklap wakker, omdat er twee kakkerlakken onder hun linkeroksel aan het paren zijn. 'Zonnige groeten!' schrijven ze, en dat ze in Het Paradijs zitten. 's Anderendaags krijgen ze sla, die in schotelwater gewassen is en ze houden er een diarree van veertien dagen aan over. Ik ken dat.

Straks komen ze weer thuis en dan moet ik hun videofilm bekijken. Waarop onder andere hun zestienjarige dochter staat, gearmd met een van de monitoren, zo'n pokdalige, verroeste inboorling, die misschien wel een geslachtsziekte heeft. Maar de dochter heeft er wel veel Spaans of Italiaans van geleerd, zeggen ze, en je kunt niet genoeg talen kennen in het leven, is het niet?

't Wordt een beetje zeldzaam, maar af en toe krijg ik ook nog huwelijksaankondigingen. Met de mededeling dat een cadeautje niet hoeft, maar er staat een rekeningnummer bij: als we daar even een bedrag op willen storten.

Ik schrijf hun 'toekomstig adres' altijd op in mijn adressenbestand. In potlood, want tegenwoordig ben je aan het gommen, voor het eerste jaar van hun eeuwige liefde om is.

En dan vind ik dat geld storten in plaats van cadeautjes geven toch wel handig: je kunt beter een som verdelen, dan je bed in tweeën zagen.

Problemen

Er zijn zo van die problemen, waarvoor ik geen plausibele oplossing vind.

Zo was ik een tijdje geleden even ziek, griep, of iets van gelijke strekking, en de dokter had mij een hele resem pilletjes voorgeschreven, die ik bovenop mijn andere bloedverdunners en aderverwijders moest slikken. Een hele batterij.

En toen dacht ik ineens: hoe vinden die pilletjes in godsnaam de weg naar waar ze moeten ingrijpen? Waar moeten die zich allemaal doorheen worstelen, voor ze op de plek zitten waar ze moeten zijn?

In mijn verbeelding zie ik die dan moeizaam door mijn spijsverteringsstelsel voortglijden, traag maar zeker, en halt houden bij het orgaan, waarvoor ze bestemd zijn. En beleefd vragen of ze binnen mogen om de boel even bij te sturen. Daar moet slim volk zitten bij Janssen Farmaceutica, denk ik dan.

Ik heb het probleem aan mijn vrouw voorgelegd, maar zij begrijpt niet dat ik me dáár zorgen over maak.

Vrouwen hebben andere problemen dan mannen. Als de dokter mijn vrouw pilletjes voorschrijft, dan gaat ze die braafjes halen, en het eerste wat ze doet, is de bijsluiter er uitpeuteren en de rubriek van de 'ongewenste neveneffecten' lezen. Dat doet ze dan altijd hardop: 'Duizeligheid, zwelling van voeten en benen, hoofdpijn, warmteopwellingen, hartkloppingen, nausea... Wat is nausea?'

Ze zegt dat op een toon alsof het een heel gevaarlijke ziekte is, want het is een woord dat ze nog niet tegengekomen is in haar kruiswoordraadsels of in *Blokken*.

'Nausea is misselijkheid, maar geen gewone: je wordt er zo misselijk van dat je er moet van walgen,' zeg ik harteloos.

'En rode vlekken in het gezicht,' leest ze verder.

Als ze bovendien nog merkt dat je heel die huppeldepup niet mag nemen tijdens een zwangerschap of bij borstvoeding, is bij haar de maat vol.

'Ik dacht dat die pillen dienden om te genezen,' zegt ze kribbig, 'maar hier word je pas goed ziek van. Dan wacht ik nog liever tot het over is.'

Zo zijn ze.

Ze gooit het doosje in de daarvoor bestemde milieubox en opgelucht zegt ze dat ze zich al heel wat beter voelt.

'Kom,' zegt ze, 'we gaan even de stad in!'

Maar ik moet eerst mijn haar gaan kammen, zegt ze. En als mijn haar gekamd is, zegt ze dat ik een verkeerde das aangedaan heb. Die past niet bij mijn jas.

En als ik een andere das aangesjord heb, dan zit de knoop scheef.

'Draai je eens om!'

Ik draai me om.

'Nog eens!'

Ik toon haar mijn voorkant.

'Dat onderste knoopje van je jas mag niet dicht, hoe dikwijls heb ik dat al gezegd.'

'Vorige week toch wel!¿'

'Dat was een andere jas.'

'En waarvoor dient dat onderste knoopje dan¿'

'Dat dient om niet dicht te doen. En zaag niet!'

Ik probeer het weer goed te maken door te zeggen dat ze een beeldig jurkje aanheeft.

'Dat heb ik vorig jaar in de solden gekocht,' snibt ze, 'en dat heb ik al twee keer aangehad. Maar jij ziet ook niets, jij...!'

Vrouwen hebben dus ook problemen, maar ze liggen wel op een ander vlak.

Toevallige ontmoeting

'Heej!' zei ze. 'Ken je mij niet meer?' Ik zag alleen maar dat ze heel oud was.

'Jij hebt nog op mijn schoot geplast,' zei ze. En ook wie ze was. Maar toen wist ik het nóg niet.

'Maar ze noemden mij altijd: Maria van Fons van Dictus van de Hoef.' Ik deed maar alsof nu alles overduidelijk was.

'Ochot, Maria. Nu je het zegt...'

''t Zal ook wel door die pruik komen,' zei ze, en ze noemde een moeilijke ziekte, waarvan je haar uitviel en door de medicatie kwam dat niet meer terug, had de specialist gezegd.

Ze woonde nu in een rusthuis, hier vlakbij, en ze wist allang dat ik ook in de buurt woonde. Ze had me al eens gezien, maar toen stond ik met iemand te praten. Maar nu ik alleen was, dacht ze, ik moet hem toch eens aanspreken, want zijn moeder en ik hebben mekaar goed gekend, van als we klein waren.

En ze was nu alleen, zei ze nog, terwijl de tranen in haar ogen schoten en ze naar haar zakdoek zocht. Fik was anderhalf jaar geleden gestorven. Een geraaktheid, terwijl hij de gazet zat te lezen.

'Ik was buiten de was gaan ophangen, en toen ik binnenkwam, zat hij dood in zijn zetel.'

Maar hij had geen pijn gehad, zei de dokter, en iedereen zei dat het een schone dood was, zesentachtig was Fik. Daar willen we voor tekenen, zeien ze.

Ze zuchtte. De maand erop zouden ze hun diamanten bruiloft gevierd hebben. De zaal was al besteld, en 't eten ook, en de Harmonie kwam spelen.

't Had niet mogen zijn, snufte ze verdrietig, maar moedig. Ze miste hem, zei ze. Hij kon zo van die dingen zeggen. 's Zondags voor hij die geraaktheid kreeg, waren de kinderen nog eens thuis, want hij verjaarde, en dan kwamen ze altijd een borrel drinken en een stuk vlaai met koffie.

De oudste zoon, Leon, vroeg op een gegeven moment hoe hij zich voelde, op zijn zesentachtigste.

'Och,' zei hij, 'de eerste honderd jaar van het leven zijn altijd de moeilijkste, en die zijn zo goed als om.'

Ze keek in mijn ogen om te zien wat ik ervan dacht. Dakruoon geleisasa.

Hij deed altijd van die uitspraken, zei ze, want hij las veel, alle dagen de gazet helemaal uit, van voor tot achter. Hij verveelde zich nooit:

'Als ik om halfnegen de gazet in mijn handen neem,' zei hij altijd, 'dan is het middag. Een dag is niks meer tegenwoordig.'

'En weet je wat hij ook eens zei, want hij was soms een echte filosoof, dat zei de pastoor ook. En toen die hem eens kwam bezoeken, zei hij opeens: "Het is eigenlijk spijtig dat je oud moet worden om lang te leven."'

Daar moest zelfs de pastoor eventjes bij nadenken.

De pastoor vroeg toen nog of hij dat zelf gevonden had, maar hij zei dat hij het op de Hollandse televisie gehoord had, dacht hij, en daar zei toen ook een geleerde professor iets wat hem getroffen had. Die professor zei: 'De grootste ramp die ons kan overkomen, is de onsterfelijkheid.'

De pastoor moest ermee lachen:

'Fik,' zei hij, 'jij wordt veel te slim. In feite had jij pastoor moeten worden. Of bisschop!'

'Maar dan hadden ze toch het celibaat moeten afschaffen,' had hij direct geantwoord. Want Fik durfde het zeggen. Zij was er een beetje beschaamd over geweest, een pastoor is toch een pastoor, en 't is wel een beetje veranderd tegenover vroeger, maar toch.

Ze excuseerde zich omdat ze mij zo lang opgehouden had, maar nu moest ze opstappen, want ze aten om zes uur in het rusthuis, en ze hadden graag dat ze op tijd waren. Vandaag waren er kroketten, had ze gezien, en dat at ze graag. En daarna keek ze televisie. Meestal naar VTM.

'VTM kleurt je dag!' zei ik.

Maar zij had toch liever dat Fik er nog zou geweest zijn, zei ze. Een beetje verkreukt schuifelde ze weg. Met een droevige glimlach. De beste televisie maak je zelf, dacht ik nog. Zelf, met een low budget.

Sint-Gerardus B.V.O.

Zelf beweert ze dat ze van niks weet, maar volgens mij moet mijn vrouw in een vorig leven een bijzondere relatie gehad hebben met een zekere 'Gerard'. Waarschijnlijk een Waal, of een Franstalige Brusselaar, want als ze aan hem refereert, spreekt ze zijn naam altijd op zijn Frans uit: 'Zjeeráár!'

Ze doet dat gelukkig niet op tedere momenten, ze doet het alleen maar als ik haar een verrassende mededeling doe, vooral in verband met de stijgende levensduurte.

Bijvoorbeeld als ik de prijs van de bloemkool noem.

Dan zegt ze steevast: 'Amaai, Zjeeráár!'

Ik til daar niet zo zwaar aan, maar ik besef wel dat die Zjeeráár vroeger toch heel wat in haar leven betekend heeft en dat hij voor haar alle boodschappen deed en die waarschijnlijk nog zelf betaalde ook.

Ik weet niet wat er met die Gerard gebeurd is, ik durf er haar geen vragen over te stellen, dat wekt alleen maar achterdocht, en dat kan een mens best missen in een goed huwelijk.

Trouwens, misschien is die Gerard allang ter ziele, ik heb hem ten andere persoonlijk nooit gekend. Maar de hartstochtelijke manier, waarop ze aan hem refereert, en dan hoofdzakelijk op momenten dat haar gezinsbudget, en dus haar huishoudelijk geluk, in gevaar komt, doet mij toch vermoeden, dat die Gerard veel voor haar betekende.

Het blijft een beetje vervelend, maar veel zorgen maak ik mij er toch niet over. Toch nú niet meer, na veertig jaar huwelijk. In het begin was dat anders. Toen had ze het ook al voortdurend over die Gerard, want we verdienden toen nog niet zoveel en het was toen 'Amai, Zjeeráár' van hier en 'Amai Zjeeráár!' van ginder.

Ik vond het vreemd, maar durfde niks te zeggen.

Eén keer, we waren een jaar of drie getrouwd, en ze kwam wat later thuis dan gewoonlijk, vroeg of ze er nieuws was. In die tijd was er af en toe nog nieuws.

Ik dacht eens diep na en zei nee...

'Of toch wel,' bedacht ik mij, 'er heeft een zekere 'Zjeerááр gebeld!'

'Zjeerááр? En waarvoor belde die?'

Ik zei dat ik dat niet wist, maar dat hij deed alsof hij haar vroeger nog goed gekend had, want hij noemde haar voortdurend bij de voornaam, zei ik.

Ze keek mij wantrouwig aan, een beetje betrapt, vond ik.

'En zou hij terugbellen?'

Ik haalde de schouders op: daarover had 'Zjeerááр' niks gezegd.

'Trouwens, ik had niet de indruk dat het dringend was.'

Ze zat tijdens het avondeten nog de hele tijd na te denken.

'Zjeerááр, Zjeerááр... Ik heb ekkik nooit een Zjeerááр gekend! En hij noemde geen familienaam?'

Neen dus.

Ze piekerde nog een hele tijd, belde zelfs haar moeder op, of die zich geen 'Zjeerááр' herinnerde. Die had ooit wel een nonkel gehad, die 'Zjeerááр' heette, maar die was in '18 aan de kanten van Poperinge gesneuveld en die kon het dus moeilijk zijn.

'Hij sprak precies met een Frans accent,' zei ik ook nog.

Het hielp niet.

Toen werd er gebeld en ik ging opendoen. Het was de meneer aan wie ze de prijs gevraagd had voor een wat comfortabelere keuken.

Ik nam de prijsofferte in ontvangst en zei dat we hem wel zouden bellen, als we die bekeken hadden.

Mijn vrouw bekeek alleen het eindtotaal en ze zei hartstochtelijk: 'Amai, Zjeerááр!'

Bubble

'Ik zou er toch nog maar eens wat aan doen,' zegt mijn vrouw soms, terwijl ze vertederd over mijn uitstulpend middenrif wrijft.

Een tijdje noemde ik dat nog trots mijn eindelijk volwassen *middle-age bubble*, maar dat kan ik nu niet meer maken, want mijn woeste Middeleeuwen liggen al een tijdje achter mijn rug. En niet meer aan de voorkant dus.

Maar de *bubble* is er soms nog.

En dan moet ik er, volgens haar, wat aan doen.

Wandelen bijvoorbeeld. Wandelen is uitstekend, en ook goed voor de cholesterol, en de doorstroming in de aders, voor de hele cardiovasculaire problematiek. Dus wandel ik.

Langs het water van het kanaal, waar het gezond is en eenzaam en waar je, wandelend, kunt nadenken over de vergankelijkheid des levens. Over hoe broos en breekbaar dit leven is en over wat je vrouw straks zal klaarmaken, want van wandelen krijg je honger. En dorst. Maar het kanaalwater is niet drinkbaar. Dat weten zelfs de vissen.

Daarom wandel ik soms ook de stad in. Daar is de lucht waarschijnlijk niet zo best, maar toch nog altijd Limburgs, en de mensen zijn vriendelijk. Je ziet er veel kennissen en toevallig hebben die, net als je ze ontmoet, juist zin om iets te gaan drinken. Horecazaken zijn er genoeg in de stad, en een mens doet al zo weinig voor de plaatselijke middenstand, die het ook niet gemakkelijk heeft.

Je bent dan al gauw een hele halve dag bezig met het opkrikken van de welvaart van deze kleine en middelgrote bedrijven, maar je *bubble* wordt er alleen maar groter van.

Waarom ga je niet fietsen? Want in mijn garage staat nog een zo goed als nieuwe fiets, die ergens op een tombola overgeschoten was, en die ik voor een belachelijke som heb kunnen kopen.

Achteraf blijkt dat ik die beter dadelijk naar de ontwikkelingslanden had meegegeven, want hij was van Oost-Duitse makelij en gemaakt lang voor de Berlijnse Muur was afgebroken. Zelfs met wind in de rug en bergaf moest je nog behoorlijk uit de voeten kunnen met de trappers om vooruit te komen. Het was dus zwoegen. En terwijl ik over het jaagpad langs het kanaal reed, werd ik vernederend ingehaald door kinderen van tien, twaalf jaar, die zonder handen reden en ook nog een Jona-gold aan het eten waren. En ook wel eens door een hoogbejaarde grijsaard, die uit een of ander rustoord ontsnapt was en heimwee had naar zijn geboortestreek.

Nee, leuk was anders. En ik dacht: het zal wel aan dat Oost-Duitse misbaksel liggen.

Maar toen ik van mijn bovenbuur een levensgrote city-bike in leen kreeg om hem eens uit te proberen, en toen ik met dit postmoderne vehikel voorbij de plaatjes op het jaagpad reed met als opschrift: 'Uitsluitend voor rijwielen en andere machtigingen', toen liep ik mijn grootste ontgoocheling op. Want op het stuur van de city-bike stond een klein apparaatje, een smerig klikspaantje, dat je haarfijn, tot op de meter, digitaal vertelde hoe laat het was, hoeveel kilometers je al gereden had, en je gemiddelde snelheid. Nu ja, snelheid. Of traagheid, natuurlijk. Het was ontluisterend. Ik ervoer dat ik eigenlijk de hele tijd altijd maar half zo hard reed, als ik dacht.

Als ik schatte dat ik vooraan in de dertig per uur zat en een Merckx in zijn laatste jaren nog wel een tijdje zou kunnen bijhouden, dan wees het apparaatje met veel moeite '16' aan.

Ontmoedigend vond ik het.

En zeggen dat ik al heel wat kosten gedaan had. Onder andere twee broekspelden met reflecterende strips.

Gelukkig dat ik nog geen helm gekocht heb. Zoals Martens.

Tegen 16 per uur kan je beter een zwaailicht op je hoofd monteren, en een plaatje op je rug met 'uitzonderlijk verkeer'.

SELF

De oude man zat er wat gelaten bij. Hij had zijn krant vermoeid opzij gelegd, prutste beverig aan het doosje met melk, kreeg het uiteindelijk toch open, pulkte met veel ondeskundigheid het papiertje rond zijn suikerklontje los, en begon toen zonder veel moed aan het cellofaantje rond het koekje.

Ik bood hem mijn diensten aan, - zo ben ik - maar hij weigerde:

'Neenee, dank u, ik heb toch niks anders te doen vandaag. En morgen ook niet. Het is een truc, mijn kleinkinderen hebben het mij voorgedaan, maar ik vergeet dat altijd.'
En hij zei ook nog dat het waarschijnlijk allemaal goed bedoeld was: je bestelde een koffie, en je kreeg een uitgebreid hygiënisch verantwoord ontbijt. De voormiddag was om, voor je 't wist.

Maar voor hem hoefden eigenlijk al die toestanden niet. Op zijn leeftijd!

Ik vernam dat hij in de tachtig was, en dat hij mij dus als een aankomende foetus beschouwde.

Er bleken trouwens een heleboel dingen te zijn, die voor hem niet per se hoefden. *Selfservice* bijvoorbeeld. En *selfbanking*, en al die dingen, waarbij ze tijd uitspaarden, maar de mens uitschakelden.

'Daarom kom ik zo graag in dit café,' zei hij. 'Hier zeggen ze nog goedendag tegen mij, als ik binnenkom. De ober zegt nog vriendelijk "meneer", en hij helpt me nog uit en in mijn jas, als het zover is. Ik kan dat ook alleen, hoor, die jas uit- en aandoen, want ik ben *selfsupporting*, héhé, maar het heeft met stijl te maken, met fatsoen en manieren. Ze varen daar trouwens wel bij, want ik ben royaal met mijn fooien, dat weten ze. Je kunt beter aan iemand geven, die vriendelijk is, denk ik altijd.'

Want 'goede manieren', dat hadden ze volgens hem de dag van vandaag niet meer.

'Waar zouden ze ze trouwens leren?'

In zijn tijd had je nog van die boekjes van *Lessen in de Wellevendheid*. Daar stonden zelfs punten op voor het rapport.

Maar nu? Hij was vorige week, omdat ze zo aandrongen, met zijn twee oudste kleinkinderen naar een modern toneelstuk geweest. Die acteurs en actrices stonden daar de godganse tijd slijmen op te hoesten, te boeren, te rochelen en te kotsen, te masturberen en winden te laten. En in het buitengaan moesten ze nog een petitie ondertekenen voor meer subsidies: 'De Vlaamse Gemeenschap doet te weinig voor de Cultuur' stond er op een spandoek.

Verdierlijking en ontmenselijking, zei hij. Dat was het en niks anders. Op de radio was het net hetzelfde, vond hij, en hij werd zelfs een beetje boos. 'Busje komt zo!' grijnsde hij. En die vuile praat, die ze daar altijd vertelden.

Hij had heimwee naar de tijd van Lutgart Simoens. Daar luisterde hij toen altijd naar. Dát was tenminste radio recht naar het hart van de mensen. Dát hadden ze nodig.

'Je merkt dat trouwens goed genoeg. Aan die Helmut Lotti bijvoorbeeld: die zingt een paar goede liedjes van vroeger en hij verkoopt binnen de kortste tijd bijna een miljoen platen, ze geraken niet bijgeteld. Dat is toch duidelijk!'

Hij wou het ook nog graag even over Pavarotti hebben. Maar hij hield zich net op tijd in.

'Dat wás ook een goeie,' zei hij, maar zijn vrouw had ergens bij de kapper gelezen, dat hij van zijn vrouw af was. Daar had hij zich dus lelijk in vergist, in die Pavarotti.

'Soms denk ik,' besloot hij druilerig, 'waar hou ik mij in godsnaam mee bezig? Maar een mens moet toch íets doen! En ik heb niks anders meer, behalve mijn krant.'

'Maar u bent nog jong,' sloot hij de aanhalingstekens.

Hij wenkte de ober.

En zijn jas.

MONTIGNAC EN DE BIJBEL

Ieder jaar omstreeks deze tijd heb ik problemen met mijn spijsverteringsstelsel. Want overal waar ik kom heeft het wildseizoen toegeslagen en je zit amper aan tafel of ze smakken een hazenrug, een portie hazenpeper, een halve fazant of een hele patrijs op je bord. Met kastanjepuree en verse veenbessen.

Vroeger had ik daar geen enkele moeite mee, maar sinds de dag dat Michel van den Bossche en Monseigneur Montignac over mijn schouder meekijken, terwijl ik zit te kluiven, te pulken en te peuzelen, voel ik mij een beetje schuldig.

Ik geniet nog wel mateloos als ik die weerloze beesten het definitieve nakijken geef met een ferme slok Gigondas of een blozende Bourgogne, maar de nasmaak is toch een tikkeltje bitter. En in mijn droom kom ik dan Michel wel eens tegen, die met een intens droeve blik verwijtend en ontgoocheld een vermanende vinger opsteekt.

Vroeger steunde ik mijn 'wilde' hartstocht op de bijbel. Want ik was het, tenminste op het gastronomische vlak, volkomen eens met de God uit het Oude Testament, die tot de mens gezegd had dat hij, de mens dus, alles mocht eten. Vee en kruipend gedierte, de vissen der zee en het gevogelte des hemels en alle zaaddragend gewas.

'Het zal u tot spijze dienen,' had God gezegd.

Ik vond dat duidelijk, en dat moeten ze me dan ook geen twee keer zeggen.

Trouwens, waar gaan we naartoe, als je God niet meer mag geloven? Van God mocht alles.

Van Michel van den Bossche mag niks, behalve veldsla. En mijn dokter vindt ook dat er soorten vlees zijn, die ik beter niet eet, wegens de cholesterol. Maar ik hield het dus bij de bijbel. Het boek der boeken.

Tot ik een tijd geleden in Deuteronomium begon te lezen... Hoor toe en luister, want God heeft zich na een tijdje toch bedacht. Hij zegt daar:

'Gij zult niets eten, dat een gruwel is.'

Rund, schaap, geit, hert, gazel, antiloop, steenbok, das, wilde os, elk dier dat gespleten hoeven heeft en tot de herkauwers behoort. Die waren eetbaar. Dat is al heel wat, maar toen ik verder las, was ik zwaar ontgoocheld. Want daar stonden de beesten, die een gruwel waren, waar God eczema van kreeg onder zijn oksels, met name: de kameel, de haas, de klipdas en het varken.

Daar ging mijn hazenrug en mijn hazenpeper. En mijn spek. En mijn ribbetjes. Want van die kameel en die klipdas, dat vond ik niet zo erg. Die had ik toch nog nergens op de kaart zien staan.

Maar toen ik de lijst van de verboden vogels overliep, schrok ik toch wel even. Ik herkende God niet meer, die in het begin van de bijbel gezegd had dat ik van allés mocht proeven.

Verboden te eten, de volgende vogels: de arend, de lammergier, de wouw en alle soorten van kraaien, de katuil, de meeuw en de sperwer, de pelikaan, de aalscholver, de reiger, de ooievaar en de vleermuis. En de struisvogel. Ook de struisvogel was 'onrein'. Want God onderscheidde ineens twee soorten van beesten, reine en onreine. In het begin waren ze allemáál lekker, maar nu ineens vies.

Ik heb nochtans laatst nog eens struisvogel gegeten en ik heb niks verkeerds geproefd.

Ik ken natuurlijk óók een paar beesten, waarvan ik het vlees niet door mijn strot zou krijgen. Honden en katten bijvoorbeeld, of ratten en muizen, en tortelduiven, en aquariumvisjes, of kanaries, nachtegalen en kolibrietjes, maar om dan dadelijk over reine en onreine dieren te gaan spreken, dat vind ik overdreven.

Nu ja, ieder heeft zo zijn eigen indeling: in Indië eten ze geen rosbief, omdat de koeien heilig zijn, en in China is rauwe aap een lekkernij. Iedereen zijn eigen indeling: Gerard Reve heb ik eens horen zeggen dat hij twee soorten dieren onderscheidt, ongelovige en katholieke.

Bij de katholieke rekende hij de kangoeroe, alle buideldieren, de wolf en de vos.

Waarom, dat wist hij zelf niet zo precies, maar hij vond wel dat je het goed aan ze kon zien. Net zoals je aan mensen kunt zien dat ze een katholieke kop hebben.

Ik weet het allemaal niet goed meer, maar zo'n gemarineerde lammergier met kroketten, slecht kan dat niet zijn, denk ik. En kolibrietjes? Nee, liever niet. Ik zou het niet in mijn lijf kunnen krijgen. Trouwens, veel eten kan daar ook niet aan zijn.

In geur en kleur, verrukkelijk en schoon

Ooit vertelde mij een mevrouw, die nog in Kongo gewoond had voor het Zaïre was, dat ze elke week verlangend uitkeek naar de post uit België. Vooral naar de kranten, die haar vader erbij gestoken had. 'Niet zozeer om het nieuws, want dat nieuws was versleten,' zei ze, 'maar gewoon om de geur.'

Als zij er 's avonds dan mee in de stilte van de barza zat, dan plooide ze die kranten open, sloot de ogen, en rook eraan. Zij rook dan de geur van haar vaders pijp, de enige goede, echte, mannelijke tabaksgeur van de Semois. 'Semois, mon tabac'.

Zij zag dan in haar verbeelding haar vader in zijn zetel zitten, met die pijp, bijna 10.000 kilometer daarvandaan. Ze zag de huiskamer, haar bezige moeder, het hele huishouden... België werd dan weer even nadrukkelijk een vaderland, België, en vooral het heimwee naar 'thuis', was heel vlakbij.

Ik heb ongeveer datzelfde gevoel met oude boeken.

Ook oude boeken hebben een geur en een kleur.

De geur van echt, zacht papier, van de bibliotheekkast in de salon, waar soms ook de sigaren stonden. En die boeken rookten mee, zonder risico. Ik neem dan zo'n boek vast, voorzichtig, en blader erin, ik maak hun geur van vroeger weer wakker. Als niemand het ziet, durf ik ze zelfs even besnuffelen. En ik streel hun rug. Oude vrienden.

Ook hun kleur kan zo bijzonder zijn. Net zoals vergeelde foto's krijgen oude boeken zo'n sepiatintje. De patina van de tijd. Zoals oude mensen grijs worden.

Boeken zijn een beetje mensen. Als je erin leest, beginnen ze te praten, met hun trage, zachte stem. Oude verhalen.

Laatst kocht ik ergens in zo'n tweedehandszaak nog *Het Licht der Bergen* van Franz Weiser. Een exemplaar van twee spellingen geleden, toen ze alles nog met 'sch' schreven.

Ik heb het in één keer uitgelezen, en ik voelde me weer het jongetje van dertien, veertien, dat droomde van hoge bergen en grootse idealen. Want daar ging dat boek over.

Ik werd er een beetje stil van. Want oude boeken kunnen

oude, welhaast vergeten dromen oproepen. Dromen die we vroeger hadden en die we één voor één kwijtgespeeld zijn. Oude boeken brengen je terug naar het land der herinnering, en de herinnering is het enige paradijs dat ze ons niet kunnen afnemen.

Oude boeken doen mij weerkeren naar het Land van het Grote Heimwee. Naar vroeger. Ik heb thuis voor al die oude boeken een apart plaatsje, en ik ga er altijd heen, als ik nog eens even lekker heimwee wil hebben.

Naar *Pjotr*. Het jongetje uit het Rusland van de kerkvervolgingen, het jongetje dat machteloos vocht tegen de bolsjevisten, die alles wat heilig was, verwoestten. Met de GPoe, die priesters opspoorde en ze naar het koude Siberië versaste, of ze gewoon ter plekke afmaakte.

Ik zwoer toen dat ik wraak zou nemen. Later, als ik groot was.

Het is er niet van gekomen.

Evenmin is het ervan gekomen dat ik Old Shatterhand en Winnetou van Karl May achterna gefietst ben om de Indianen te helpen vechten tegen de bleekgezichten met hun gespleten tong.

En Roald Amundsen ben ik ook niet achterna gereisd naar de pool om in de barste weersomstandigheden, met ijzeren wilskracht, alle anderen voor te zijn, om als eerste zijn vlag op de pool te kunnen planten. Maar ik ben wel soms 's nachts in mijn droom wakker geworden, omdat ik dacht dat mijn tenen aan het afvriezen waren. Zo koud was het in dat tentje van de Grote Poolreiziger.

Ik hou van oude boeken. Ze hoeven voor mij geen kleurige blinkende achterflap, waarop tegenwoordig steevast staat dat dit nieuwe boek een meesterwerk is, dat alle vorige werken in de schaduw stelt, het boek dat een *must* is. Niet te missen. Een onverbiddelijke bestseller.

Ik denk dan heel ouderwets, samen met Gaston Durnez: 'Mijd de achterflap en 't liegen.'

Oude boeken hebben dat niet nodig. Ze hebben hun gulden sporen verdiend.

Pensioen

Je komt vandaag de dag op straat bijna niks dan gepensioneerden tegen. Soms nog jongemannen van vooraan in de vijftig, in de bloei van hun leven, voortijdig weggerukt uit het arbeidsproces. Ik vind dat een spijtige zaak. En waarom vind ik dat een spijtige zaak?
Omdat deze werkloze foetussen afbreuk doen aan het beeld dat de mensen hadden van de vroegere, echte gepensioneerden.

Die hadden zich tot hun 65 naar het werk gesleept, op het einde dikwijls in moeilijke omstandigheden, maar ze vielen nog liever dood op het werk dan ziekteverlof aan te vragen. Ze werkten tot de laatste dag, kregen bij hun afscheid een medaille, een relaxzetel om eindelijk uit te rusten van de geleverde inspanningen, of een gouden horloge om de uren die hen nog restten op een wat duurdere manier af te tellen. Het hoofd van het bedrijf zei in zijn afscheidsspeech meestal ook dat de man, die vandaag verdween, eigenlijk onvervangbaar was. Wat dan vaak ook niet gebeurde. Het verschil tussen onvervangbaar en overbodig is bitter klein geworden. En de pensioenleeftijd lager. Bij zoverre dat die jonge gepensioneerden, - áls ze bij hun afscheid nog een cadeau krijgen - dat een koersfiets is, en liever nog een enveloppe met inhoud. Ik betreur dat.

Want ik kom af en toe nog van die dinosaurussen van het oude regime tegen, kromgewerkt, met een beetje sleperige gang, amechtig, met een droge hoest, afijn, wat je een kranige bejaarde noemt.

Want als je vraagt hoe ze het maken, dan zeggen ze altijd dat ze niet weten waaraan ze eerst moeten beginnen, want ze hebben nog nooit zo weinig tijd gehad als nu.

Eventjes hadden ze gevreesd, zeggen ze, dat ze in dat bekende zwarte gat zouden vallen, maar ze hadden nog nooit zoveel werk gehad als nu. Eindelijk vonden ze eens tijd om hun geliefde hobby te beoefenen, namelijk in de tuin werken. En ze beschrijven dan het plezier van te zien groeien wat je zelf in de grond gestopt hebt, ze citeren zelfs uit *Max Havelaar*: 'Niet in het snijden der padie ligt de vreugde, de vreugde ligt in het snijden der padie, die men geplant heeft.' Ze loven deze gezonde hobby, vooral in het voorjaar, wanneer ze hun arm uit de kom graven en 's avonds volledig ontwricht al tijdens *Mooi en meedogenloos* in slaap vallen. Gelukkig hebben ze nog een fitte vrouw, die hen na het laatste nieuws naar boven takelt. De volgende morgen kraken al hun smeerpunten, maar ze weten dat het gezond is, en dat er niks zo mooi is als verse, tere sla, die je zelf ingezaaid hebt. Hoe heerlijk is het de vruchten te zien gedijen, en andere mensen een plezier te kunnen doen met een krop sla, een tros wortelen, ja zelfs een onbespoten spier prei, waarin gezonde maden vrolijk rond zitten te kronkelen. Want al die groenten komen praktisch tegelijkertijd klaar, en ze begrijpen niet hoe hun bloedeigen kinderen, die ze notabene zelf opgevoed hebben op een gegeven moment te kennen geven, dat ze geen groenten meer hoeven, dat de diepvriezer al vol zit. En sommige buren doen ook al of ze niet thuis zijn als je met een glunderende portie andijvie aanbelt.

En dan zijn er die kleinkinderen, die schatjes van kleinkinderen, waar je ook bijna dagelijks heen mag om je fantasie de vrije loop te laten. Want het zou toch te gek zijn, dat je kinderen zich blauw betalen aan opvangmoeders, terwijl er een oma voorhanden is. En een opa, die niet liever wenst dan op vier handen door de living te kruipen met twee kleinkinderen op zijn rug en dan doet of hij een kameel is en met zijn lippen flappert en koekjes eet uit hun handjes.

Vorige week is hij nog een beetje ongelukkig van de keldertrap gestuiterd, toen hij op vier poten naar beneden wilde wippen, zoals een kangoeroe. De kleinkinderen lachten zich te pletter.

En in het ziekenhuis hadden ze er ook veel plezier aan gehad.

Nee, de gepensioneerden van nu, dat is ook niet meer wat het vroeger was.

De tranenverkoper

Er was eens een kleine middenstander, die heel zijn leven al hard gewerkt had, maar nu een beetje in de put zat, omdat zijn zaak niet meer zo best draaide. De hardere concurrentie had ermee te maken, en de vaste kosten lopen niet alleen door, maar ze gaan ook nog de hoogte in.

Maar hij had altijd goede zaken gedaan en goed naar zijn vader geluisterd, toen die op zijn sterfbed zei:

'Je moet altijd iets verkopen waar de mensen niet zonder kunnen, zoals voedingswaren bijvoorbeeld: eten, dat moeten de mensen altijd!'

Dus had hij alle soorten van voedsel verkocht, en dat was goed gegaan tot voor een paar jaar. Hij had altijd goede 'marchandise' in huis gehad, stevige kost, gezond spul.

Maar dat verkocht ineens niet meer: de mensen wilden vermageren, diëten, en ze telden op zijn doosjes de calorieën, het waren er altijd te veel. En ze lazen heel de tekst die erop stond, om te weten wat erin zat en vooral wat er niet in zat: geen suiker, geen vet, geen zout, geen kleurstof, geen bewaarmiddelen...

In 't begin dacht hij nog: even geduld, 't is maar een opstootje, een voorbijgaand verschijnsel, volgende week staan ze hier terug.

Fout gedacht van hem. Ze kwamen niét meer terug, en de klandizie daalde nog. Toen dacht hij terug aan wat zijn moeder op haar sterfbed gezegd had: 'Je vader had gelijk,' zei die, 'maar 't was een koppigaard. Je moet ook een beetje soepel zijn in het leven, en er zijn wel meer dingen die altijd zullen blijven bestaan.' En voor ze haar laatste adem uitblies, zei ze nog gauw: 'Bedenk maar eens hoeveel ellende er is op de wereld. Kijk maar eens naar VTM. Je ziet niks anders.'

Daar dacht de man diep over na. Zijn moeder had gelijk: er was veel ellende in de wereld en zo te zien, zou daar niet zo gauw een einde aan komen. De ellende zou zijn tijd nog wel meegaan.

Als ik eens tranen verkocht, dacht hij bij zichzelf, misschien is dat wel een gat in de markt.

Want dat noemden ze nu zo: een gat, in de markt.

Dus begon hij tranen te maken. Heel moeilijk was dat niet, alle goede ideeën zijn simpel, maar hij wilde toch weer de beste tranen hebben die er op de wereld bestonden.

Tranen bestaan natuurlijk uit water en zout, denken de mensen, maar ze moeten ook 'spontaan kunnen opwellen', en bij kinderen moeten het zelfs levensgrote tranen zijn, die van hun rode kaakjes kunnen 'biggelen'. En meer van die dingen, want je had ook tranen die in de ogen konden blijven staan, en je had zelfs droge tranen...

Dag en nacht zat hij eraan te werken, en na een half jaar had hij al zijn formules klaar en kon hij de productie opstarten. In het begin van het nieuwe jaar opende hij zijn vernieuwde winkel. En met succes. De mensen stonden aan te schuiven.

De best verkochte tranen waren televisietranen.

Eerst had hij die eigenlijk niet willen maken, omdat dat gewoon leidingwater was met een klein titsje keukenzout, maar hij had ze toch maar gemaakt. Om een volledig assortiment te hebben.

Hij verkocht ze in familieflessen van twee en een halve liter. Kindertranen verkocht hij ook veel. Hij wist niet dat er zoveel kinderverdriet was. Soms kwamen ze zelfs om tranen omdat hun 'tamagotchi' gestorven was, en hij durfde daar niet mee lachen, want als er één soort verdriet is dat je au sérieux moet nemen, dan is het kinderverdriet.

De krokodillentranen verkochten ook heel goed. Vooral aan jonge mensen, die in hun puberteit waren. Hij dacht dat de jeugd van vandaag niet meer huilde, maar dat bleek dus een vergissing.

De zaak draaide uitstekend en hij kon iedereen gerieven. Tot er op een avond, vlak voor het sluitingsuur, een dame in het zwart binnenkwam en zei dat er al meer dan een maand iets was met haar dochtertje, en dat ze geen tranen meer had om te huilen. Want het liep slecht af, misschien.

'Hebt u toevallig geen moedertranen?' vroeg ze.

'Dat is helaas niet na te maken,' zei hij, 'die heb ik niet.'

Ze knikte stilletjes en zei dat ze dat wel gedacht had...

Allemaal beestjes

Een mens zou altijd een 'beetje beest' in huis moeten hebben, zeggen ze. Ik vind dat eigenlijk ook, en mijn vrouw is er ook niet tegen. Maar zij opteert voor een kat, meer precies een kartuizer.

Tot vandaag heb ik die kartuizer buiten kunnen houden, want, zo zeg ik haar, een appartement is niks voor een kat. En zeker niet voor een kartuizer, die net zoals de gelijknamige paters, een vrij streng doorgevoerd eremietenleven leidt, en houdt van volstrekte eenzaamheid. En op een appartement is de privacy beperkt, dat kan je zo'n beest niet aandoen.

Toch wil ze dolgraag een 'beetje beest' in huis. Persoonlijk heb ik liever een hond. Want een hond is 'trouw'. Een beetje fatsoenlijke hond loopt de halve wereld af, zelfs tot in Patagonië, om zijn baasje te gaan zoeken. Maar op een appartement valt er niks te zoeken. Dus geen hond. Want een hond moet zijn loop hebben.

Geen kat, geen hond, zelfs geen kanarie of een goudvis. En zo'n 'tamagotchi' komt er bij ons niet in. We zijn al wel een beetje oud, maar nog niet onnozel.

Geen beesten dus. Behalve het konijntje van Hans Laagland. Een mooi schilderijtje, met een grijs, levenloos, jong konijntje. Je merkt dat het heel erg dood is. 'Stilleven' heet dat dan.

Hans schilderde het, toen hij nog maar een jaar of vijftien was. En er waren mensen, die zich afvroegen waarom deze jongeling zoveel dode beesten schilderde, konijnen, eksters, Vlaamse gaaien, die hij in de tuin gevonden had. Zo jong, en zo intens geobsedeerd door de dood? Was daar een verklaring voor?

'Als ze nog leven,' zei Hans, 'dan blijven ze niet zo goed zitten om te poseren.'

Drie jaar hebben we het op ons appartement met alleen dat dood konijn gedaan. Maar sinds vorige week is onze veestapel uitgebreid. Met drie koeien uit de vorige eeuw.

Mijn vrouw heeft historisch iets met koeien, want ze is in Diest geboren in de zogenaamde 'Koeistraot', vlakbij de zogenaamde 'koeimèt'. Daar heeft ze dus in haar prille jeugd talloze koeien, wandelend 'vers inlands vlees', de revue zien passeren.

En daar blijft altijd wat van hangen, denk ik. Vooral als het koeien zijn met van die impressionante uiers.

Mijn vrouw heeft dus een stuk jeugdherinnering, een stukje *roots* gekocht in de vorm van een mooi, redelijk groot schilderij, waarop drie koeien rustig hun gang staan te gaan, zonder acht te slaan op de schilder, die bezig is hen te vereeuwigen.

Het zijn rustige beesten. Gelukkig maar, denk ik dan, want met drie koeien op een niet zo ruim appartement, plus dat konijn, moet je toch alles een beetje in de gaten houden.

Maar ze heeft een goede koop gedaan, mijn vrouw. Het zijn beesten waar we niet veel last van hebben. Een van de koeien staat rustig te grazen, een tweede kijkt duidelijk de andere richting uit en aan de achterkant verschaft zij ons een aanblik op haar spannend melkreservoir. En de derde koe kijkt in onze richting. Zij is duidelijk de jongste. Een beetje nieuwsgierig nog. Maar braaf. Onverschillig zelfs. Gelukkig, zeg ik, want voor hetzelfde geld zit je met drie Engelse zotte koeien op je kot. Je krijgt dan als troost wel wat Europese subsidies, maar ik heb het liever zo, zoals het nu is: drie volwassen koeien, in de fleur van hun leven, in een groen landschap, dat ze niet de kans geeft om zich te vervelen - behalve stierlijk dan - en met daarboven een blauwe lucht die alleen maar veel goeds belooft.

Zo mag ik het hebben.

En als we in de zomer met vakantie gaan, dan zal mijn vrouw 's avonds weemoedig zingen van: 'Hoe zou 't met Rosa zijn, of met Jacoba, hoe zou 't met Carla wezen, of met Annie II?' Ik zie het al gebeuren.

Want zo'n beesten, een mens gaat er zich aan hechten.

Jules

Ooit heeft er eens iemand tegen mij gezegd: 'Je zou eens een boekje moeten schrijven over de mensen, die je gekend hebt.'

Dat is er tot nu toe nog niet van gekomen. Ik zie er een beetje tegen op, tegen zo'n boekje met allemaal 'in memoriams', want dat is het tenslotte toch wel.

En dat boekje wordt met de dag dikker. Want nu is Jules de Corte weer gestorven...

Alweer een vogel, die niet meer fluit, denk je dan. Jules was een heel bijzondere vogel. Als je hem één keer meegemaakt had, dan vergat je hem nooit meer, zo'n eigen stem had hij. En een heel speciaal soort humor.

We traden nogal eens samen op, ergens in Vlaanderen, lang geleden, in de late Middeleeuwen, toen de kleinkunst nog een rage was.

Jules was dus blind, maar voortdurend gebruikte hij het werkwoord 'zien'. En 'kijken'.

Ik moest hem ooit eens ergens oppikken aan een station, in Maastricht, geloof ik, en van daaruit reden we dan naar 'ergens in Vlaanderen', Drongen, dacht ik.

Hij zat naast me, stil, want iemand die niet ziet, is natuurlijk altijd een beetje ongerust in een wagen. Je weet maar nooit... Maar hij zei dat hij 'zag' dat ik goed stuurde. En dan ineens vroeg hij: 'Hoe oud ben jij eigenlijk?' Ik was toen al halfweg de dertig, en ik zei dat dan ook. 'Nou,' zei Jules droogjes, 'je "ziet" er echt jonger uit!'

Wat zeg je dan? Niks natuurlijk. Alleen maar even naar zijn gezicht kijken om te weten wat hij eigenlijk bedoelde, want met Jules wist je nooit. Dat gezicht was onbewogen.

Er bewoog trouwens nooit veel aan hem. Ik zie hem nog rechtop aan zijn piano zitten, op het podium, met zijn hond braaf aan zijn voeten. Die hond volgde hem overal en luisterde dromerig naar de liedjes, die zijn baas zong. Jules voelde dan even of zijn stoel wel stevig stond, of de microfoon er was, en dan bewoog er niks meer behalve zijn lippen en zijn vingers. Die vingers van Jules. Gevoelige vingers, met enorm veel respect voor de toetsen. Ik weet niet waarom, maar als Jules speelde, moest ik altijd aan Bach denken. Zo ingetogen, zo af, een beetje onaards zelfs, met die heldere, breekbare stem van hem. Precies of hij zat daar helemaal alleen voor zich uit iets heel intiems te vertellen. De mensen voelden dat, en de zaal was nooit zo stil dan als Jules de Corte zong.

Soms klonk het bitter. Waarschijnlijk had dat ook wel met zijn handicap te maken, maar toch vooral omdat er zoveel boze mensen waren, die de hele boel naar de bliksem wilden helpen.

Misschien daarom dat hij al een beetje in een andere wereld leefde, een wereld, zoals hij hem wilde. Wat je niet ziet, kan je wel horen. Daarom stond zijn huis vol klokken, die allemaal opgewonden waren en op geregelde tijdstippen een symfonie van klanken door het huis strooiden. Klokken. En vogels. Hoe dikwijls heb ik met klimmende verbijstering zitten luisteren naar de gesprekken van Jules met Jos Ghysen of Miel Cools, die ook vogelkenners waren. Ik begreep geen fluit van wat die ingewijden allemaal wisten te vertellen over hun gevederde vrienden, de vogels.

Jules leefde van geluiden. Hij kon gewoon in de loge met alleen maar zijn handen muziek zitten maken, en hij had een hele reeks vreemde geluiden die hij kon nabootsen.

Maar ja, Jules is er niet meer. We zullen hem nooit meer 'hallo!' horen zeggen.

Jules, en zijn mooiste liedje: 'Ik zou wel eens willen weten...'

Misschien, misschien weet hij het nu.

Maar hij laat mij wel achter met die onbeantwoordbare vragen.

Bokrijk

Het is al een tijdje stil rond het Domein van Bokrijk. Maar die stilte is slechts schijn. Want achter de bedrieglijk dromerige lemen muurtjes wordt ijverig nagedacht over nieuwe stunts om het verneukte imago van dit historisch museum op te poetsen.

De oude brol moet natuurlijk blijven, want daarom is het destijds allemaal begonnen. Maar tussen de geiten en de schaapherders, de potstallen, de pissebedden en de konijnenkeutels moet een nieuwe en frisse wind waaien.

Geld is er natuurlijk niet, maar geld is ook niet alles in het leven, zeker niet wanneer het om kunst gaat. In casu conceptuele kunst. Want het moet maar eens gedaan zijn in Limburg van altijd maar diezelfde koolputter natuurgetrouw af te beelden: een beetje agressief, met donkere prut in zijn ogen, het houweel in aanslag, zodat je denkt dat hij oorspronkelijk model heeft gestaan voor een van de gebroeders Van Raemdonck of voor een strijder uit de Boerenkrijg. Het moet even anders, dacht de Bestendige Deputatie, en ze zijn dus op een vrije zondagvoormiddag naar het Middelheim in Antwerpen getogen. Ze lazen daar op een grote gevel een conceptueel kunstwerk, dat nog geen anderhalf miljoen kostte. Met als geschilderde tekst conceptueel op een muur: 'Yzer en goud in de lucht, stuifmeel en rook op de grond'.

Wat dat precies betekende en waarom het zoveel kostte, wisten ze ook niet, maar dat vonden zij nu net het aardige aan moderne kunst. Wie daarover problemen heeft, bewijst dat hij er helemaal niks van begrepen heeft, zeker niet van subsidies.

Vrolijk fluitend trokken de Limburgse Bewindvoerders provinciewaarts, en ze zeien tegen mekaar, dat ze niet wisten dat conceptuele kunst zo gemakkelijk was, en dat zij zoiets veel goedkoper zouden oplossen dan die Antwerpenaars.

Een boerderij met een blote gevel hádden ze al. Ze zouden een wedstrijd uitschrijven tussen de Limburgse dichters, want in die provincie stikt het van de poëten. Een paar zwartwerkers om de tekst op de muur te zetten, waren er ook in massa, en er was nog verf over van de laatste verkiezingen. Zelfs nog de hele voorraad van het Vlaams Blok, waarop ze toen beslag hadden laten leggen. Dus was het eerste wat ze deden, een wedstrijd uitschrijven om een goede slogan te zoeken, die paste bij de Limburgse problematiek. Lekker Limburgs!

De Deputé van Cultuur, die uit een landbouwersgezin kwam en dus nogal op zijn centen zat, stelde eerst een slogan voor, die hij eens in een boerenbetoging gezien had: 'Boer met stront zoekt vrouw met grond'. De Deputatie vond het zeer goed, maar toch een beetje eenzijdig. Dus toch maar een wedstrijd.

Uit de drie inzendingen, allemaal van dezelfde dichteres, Virginie Indeherberg-Aendekerk uit Sint-Huibrechts-Lille, die nog lange tijd te doen gehad had met een vooraanstaand Limburgs politicus, wiens naam ons toevallig niet te binnen schiet, werd de volgende tekst gekozen: 'Kolen en gruis in de lucht mest en stront in de grond'. Er was onmiddellijk volledige unanimiteit en een algemene consensus, op een kleine opmerking van een der leden na, die ten onrechte meende dat in de nieuwste spelling 'strondt' met dt was, maar dat bezwaar werd na enig opzoekingswerk uit de wereld geholpen.

Ze vonden het een mooie tekst, omdat hij tegelijk verwees naar de teleurgang van de mijnen, en de milieuproblematiek van de agrarische en rurale bevolking.

Virginie Indeherberg-Aendekerk kreeg als prijs een jaarabonnement op het Openluchtmuseum voor haarzelf, haar echtgenoot en haar negen kinderen, plus honderd consumptiebonnen, binnen het jaar op te nemen en alleen geldig binnen de kantooruren. In de week dus.

Voor de onderschriften in de 48 provincietalen werd een speciale multiraciale commissie benoemd.

En zeg nu nog eens dat er niks gebeurt in Limburg.

De geneugtes van een hoogbejaarde

Mag het deze week voor één keer ook eens een zielig stukje zijn? Ja toch.

Het was een mooi rusthuis, met een fraai ogende gevel vol open glas, en op de brede deurmat stond in levensgrote letters 'Welkom', zodat zelfs erg bijziende bezoekers het zouden kunnen lezen.

De man die ik wilde bezoeken, had zijn kamer op de tweede verdieping. 'Net hoog genoeg om zelfmoord te plegen en net nog niet té hoog als de lift het niet doet,' vertelde hij mij moedig.

Hij vroeg of ik de deur wilde dichtdoen, want op de gang hing er zo'n oudemensengeur, vond hij. Toch een beetje bitter.

Hij had ook al wat ze vroeger noemden 'een gezegende leeftijd', maar hij vond toch dat de mensen in dit huis érg oud waren.

'Misschien omdat ze hier zo op een kluitje bij mekaar zitten,' gaf hij toe. Maar het viel hem toch nog elke dag op, zei hij.

Om hem wat op te kikkeren, troostte ik hem dan maar met de gedachte dat hij dus wel in het ideale milieu zat om behoorlijk oud te worden. Ik had zelfs gehoord dat ze ergens in dit huis een dame van 101 jaar verborgen hielden.

'Ik zou het niet weten, maar van in de negentig zijn er een hele hoop, daar is de keuze het ruimst.'

'En hoe gaat het?' deed ik een beetje luchtig.

Och, het ging wel. Een beetje eentonig, maar het ging. Zijn ogen wilden wel niet meer mee, vertelde hij spijtig.

Er lagen wel drie soorten van vergrootglazen op de tafel, en eigenlijk kon hij alleen maar de titels lezen. Maar het voordeel was, dat het nieuws hem ook geen barst meer interesseerde.

'Hier sterven soms drie mensen op veertien dagen, buren dus, en dat doet me meer dan al die toestanden in Rwanda en in Algerije, geloof je dat?' Ik geloofde het. De dood had hier een vaste stek, was hier nooit ver weg. 'Trouwens,' zei hij, 'als je minder goed ziet, dan ga je er van alles bij fantaseren, en dan valt het nog mee ook.'

Met 'horen' was dat ongeveer hetzelfde. Als iets je niet aanstond, kon je nog altijd doen of je het niet gehoord had. Het klonk grimmig.

Roken hadden ze hem ook afgeleerd. Hij rookte graag nog eens een pijp, maar de zuster had hem verteld dat er een paar astmapatiënten op zijn verdieping woonden, en dat die hem eeuwig dankbaar zouden zijn, als hij begrip voor hen zou opbrengen.

En ze hadden vorig jaar nog een bewoner gehad die toch gerookt had op zijn kamer, maar die was erbij in slaap gevallen. Zijn sigaar was in de zetel terechtgekomen, het was bijna brand geweest, en stel je maar eens voor dat zo'n hele verdieping met bejaarde mensen begint te branden. Zij dacht toch dat hij zoiets niet op zijn geweten wilde hebben. En daarbij, gezond was het dus ook niet, vooral niet op zijn leeftijd. Want ze had hem al een paar keer horen hoesten.

Maar buiten mocht het. Een paar keer had hij dat gedaan, buiten, op het trottoir, geleund tegen een parkeermeter. Met een beetje fantasie was dat een gokautomaat in openlucht. Maar zijn pijp smaakte niet, en hij kreeg pijn in zijn benen, en hyperventilatie, overtollig okselvocht, en hij had de indruk dat iedereen naar hem keek.

En als je niet goed op je tellen paste, liepen ze je nog omver ook, want die jeugd van tegenwoordig heeft geen respect meer voor oude mensen. Dus had hij na drie pogingen afgezien van het stoeprisico. Zo noemen ze dat nu. Dus was hij er maar mee gestopt. Met felicitaties van Moeder Overste.

Plotseling begon ergens iemand te roepen: 'Mama, mama!!!'

Het sneed door merg en been. 'Ochot,' zei hij, 'ze begint weer. Soms duurt dat een paar uur. Zelfs met oordopjes hoor je het nog!'

Hij zuchtte en keek mij aan met troebele ogen.

'Maar van het eten heb je hier niet te klagen,' sloot hij de haakjes. 'Enfin, doorgaans toch niet.' Zei hij.

Tot zover dit wat zielig stukje. Maar ik beloof het: ik zal het nooit meer doen.

Gedaan met sprookjes

Het is u wellicht ook al dikwijls opgevallen dat de meeste sprookjes zich bij voorkeur afspelen in enorm grote bossen, liever nog wouden, ver weg van elke drukke agglomeratie. Bovendien waren al die bossen op dat moment bijna allemaal ontoegankelijk, welhaast onbetreden, en onervaren sprookjesfiguren liepen er om de haverklap in verloren. Uitgetekende wandelpaden en fietsroutes van plaatselijke V.V.V.'s waren toen nog totaal onbekend. Evengoed als professionele boomzagen. Het vergemakkelijkt de zaken niet, maar het had zijn charme.

Een sprookje zoals dat van *Hansje en Grietje* zie ik voorlopig compleet niet meer zitten. Je vindt in deze crisis allicht nog wel een paar ouders, die arm geworden zijn, en misschien graag van hun vraatzuchtige krengen van kinderen verlost willen zijn, maar je lost dat niet meer op in een sprookje. Je raakt die kinderen aan de keien en aan de bossen niet meer kwijt.

'Ik heb het je nog gezegd,' klaagt die vader nu iedere avond tegen zijn vrouw, 'je had toen naar die abortuskliniek moeten gaan. Ik weet het, het kostte toen nog stukken van mensen, maar alles samen was het toch een korte financiële aderlating geweest.'

'Je vergeet dat het toen nog strafbaar was,' oppert de moeder, die met zorgrimpels en verhakkelde tweedehandskleren bij de uitgedoofde centrale verwarming zit.

'Strafbaar, strafbaar! Ik ken er genoeg, die er niet voor gestraft zijn en die hebben het nu een stuk breder dan wij. Maar nee, madam had humane overwegingen.'

Het kwam erop neer dat je vandaag de dag geen kinderen meer kunt afzetten aan een groot en eenzaam bos. Vind vandaag nog maar eens een bos waar dat kan. Voor overtallige katten en honden is het al moeilijk. Vijf zondagen waren ze naar de Ardennen gereden om zo'n bos te vinden. Eén keer waren ze door jagers bijna overhoopgeschoten, omdat ze de plaatjes met privé-jacht niet bemerkt hadden. Twee keer hadden boswachters gedreigd hen te bekeuren, als ze niet ophoepelden met de picknickmand, een vierde keer zaten ze op een militair terrein met 'gevaarlijke mijnen' en de vijfde keer dachten ze dat het in orde was.

'Blijf hier maar mooi even bosbessen plukken, papa en mama gaan wat wandelen, maar straks komen we jullie ophalen. En braaf zijn. Daaahaag!'

Het was wat geworden. Ze waren toch zelf wel verloren gelopen, zeker, omdat de vader het wandelpad niet had willen volgen, binnendoor, hij kende dat nog van bij de scouts.

Maar jawel, hoor, toen ze tegen de avond eindelijk weer aan hun auto kwamen bij het woudcafeetje, lagen de kinderen al op de achterbank te slapen en hadden ze zelfs de politie al laten opbellen om hun ouders te zoeken. Ze kregen bijna een proces voor kinderverwaarlozing. En ja, toen hadden ze het maar opgegeven.

Vroeger, in de tijd van de sprookjes, hadden de ouders het toch een stuk gemakkelijker: je zette ze af in zo'n bos, dat kon toen. Zo'n bos was er voor alleman, boswachters waren er toen nog zo goed als niet, wel goede wolven, die een beetje begrip hadden voor arme mensen met te veel kinderen.

En als je je dan achteraf bedacht, kon je de buik van die wolf nog opensnijden en dan kwam je hele nageslacht er heelhuids uit. Want die wolven kauwden natuurlijk niet, die maakten zich geen zorgen over hun spijsvertering.

Daarom vind ik dat we dringend aan herbebossing toe zijn, want het grote nadeel is, dat de bossen bij voorkeur in de Walen zijn gaan liggen. En dat wij zonder vergunning geen peperkoekenhuisjes meer durven bouwen, want die worden tegenwoordig afgebroken.

Heel erg dus, want als je wilt overleven, zelfs in een sprookje, dan moet je terecht bij een of andere stacaravan van een illegale Hollander, die Vietnamese loempia's verkoopt.

PRINSELIJKE ONRUST

Misschien moet ik toch maar eens een bestseller schrijven. Zoals Pierre Mertens, met zijn boek *Koninklijke Rust*. Zo'n boek hoeft niet eens zo goed te zijn. Als je er maar een paar passages inlast waardoor de leden van het Koninklijk Huis zich geaffronteerd voelen, omdat je geschreven hebt dat de Prinses geregeld zonder kousen rondliep in het paleis, maar dat haar benen gezien mochten worden. En dat haar zoon eens een aanrijding had gehad. Zo'n dingen zou ik ook kunnen schrijven. Maar dan over Prins Karel, Graaf van Vlaanderen. Hij zal mij wel geen proces meer aansmeren, want hij is ter ziele. Zaliger dus. Of 'wijlen'. Dat hangt wellicht ervan af welke richting je na je dood uit wil.

Prinselijke Onrust zou ik als titel nemen.

Want hij was al wel een beetje oud, toen ik hem een paar keer ontmoet heb, maar toch nog behoorlijk ondeugend, en zelfs strijdvaardig. Vooral als hij het had over de rest van het Koningshuis. Ik heb twee keer een tentoonstelling van hem geopend, en dus werd ik vooraf 'in audiëntie ontvangen', zoals dat heet. Meer bepaald in de bar van Château Neercanne. Ik had al zoveel negatieve dingen over de Prins gehoord, dat ik toch een beetje nieuwsgierig was.

Dat viel eigenlijk allemaal best mee, en van toen ben ik heel anders tegen mijn vroegere informatie over hem aan gaan kijken, en hij heeft mijn blik ook enorm 'verruimd' over de rest van het Koninklijk Hof en de Hofhouding.

Terwijl hij dat vertelde, in het Brussels, het Frans en het Engels gezellig door mekaar, dronk hij melk. Of iets met de kleur van melk, waarvoor Jan Theys in die tijd reclame maakte. Maar hij vertrouwde mij toe dat er ook een flinke scheut whisky in zat, want hij had een beetje last van maagbrand de laatste tijd. Hij beval het systeem warm aan en ik moest het ter plekke ook even uitproberen. Wat ik deed. Maar de Graaf van Vlaanderen had kennelijk een heel andere smaak dan ik.

Veel goeds heeft hij over het Koninklijk Huis niet verteld. Terwijl hij zijn verbeterde melk naar binnen zat te joepen, vertrouwde hij mij toe, dat er daar aan het Hof een koekentien van een Prinses rondliep, die alleen maar op het geld uit was, wie met wie bestendig in ruzie lag, en hij sprak over de ritselcultuur, die aan het Hof schering en inslag was, en waar altijd een of andere geüniformeerde koekoek op je vingers stond te kijken. Zo'n dubbelhartige, heimelijke duiker, wiens specialiteit het was ervoor te zorgen dat de Koning een beetje fotogeniek op de koekjesdozen en op de postzegels terechtkwam.

Hij vertelde weemoedig over zijn moeder Elisabeth, die hem de liefde voor de muziek en de schilderkunst bijbracht. Maar voor de rest had hij geen goed woord over voor de schorskevers, die hem omringden, en voor de politici, die opportunistisch van kleur veranderden, zoals de platvissen, naargelang vanwaar de opportunistische wind waaide. Het was een boeiend gesprek. Ondanks de aangelengde melk, die naar afgekeurde smeerolie smaakte. Maar het decor was mooi, en de vertrouwelijke sfeer en de redenen waarom hij op een gegeven moment Regent geworden was. Pour sauver le 'brol', zei hij.

Maar dat was hem achteraf niet overal in dank afgenomen.

Op een gegeven moment vroeg hij zelfs of hij zijn schoenen mocht uitdoen, want hij had nogal wat last van zere voeten. Ik vroeg Monseigneur toen - want zo moest ik hem aanspreken - of dat kwam omdat hij af en toe al eens een stapje in de wereld gezet had. Toen glimlachte hij. Prinselijk. En zijn ogen tintelden.

Trouwens, de beste boeken zijn de boeken die niét geschreven worden, maar die je zelf hebt meegemaakt. En ik heb toch even lekker in de voetnoten van het boek van de Graaf van Vlaanderen gezeten.

Veel brengt dat niet op, maar 't is wel onbetaalbaar.

Luciano

Hij heeft natuurlijk een pracht van een stem, daar niks van. En dat benijd ik hem ook een beetje, als ik hem bezig hoor. Een stem om zuinig op te zijn, om alleen maar te gebruiken, als er een orkest in de onmiddellijke buurt is. Nooit zonder muziek. 't Zou zonde zijn.

Ik heb vroeger ook een tijdje niet onaardig gezongen, maar niet zoals hij. Ik kan zelfs nu nog af en toe eens een troepje vrouwen van boven de 60 hun zakdoek laten bovenhalen, als ik iets over hun kleinkinderen zing. Maar een tot aan de nok gevuld sportpaleis ontroeren, met gewoon 'O, Sole Mio!', reclame voor donsdekens, nee, dat heb ik nooit gekund. Daar heb ik zelf nooit aan willen beginnen.

Die stem benijd ik hem dus. Maar dat is dan ook zo ongeveer alles.

Zijn buik bijvoorbeeld hoef ik helemaal niet. Dat is geen buik meer, dat is een vleesgordel. Naar het schijnt een beveiliging voor zijn gevoelig en kwetsbaar middenrif.

Hij durft er niks aan doen, naar het schijnt. Het is geen gezicht, dat weet hij, zo'n ongezonde uitstulping op basis van verzadigde en onverzadigde vetstoffen, maar hij laat die uitwassen de vrije loop gaan: omdat daar, naar 't schijnt, 'het' zit.

Wat 'het' nu precies is, weet niemand. Luciano zelf ook niet, maar ze kunnen zich niet de luxe permitteren van te gaan experimenteren, want het zou kunnen dat 'het' misschien niet meer zou terugkomen. Want tenslotte, wat heeft hij eigenlijk meer dan Carreras en Domingo? Zou iemand mij dat duidelijk kunnen maken? Want die hebben 'het' natuurlijk ook. Maar minder 'het' dan Luciano.

Die hebben dan ook zo geen flodderende buik. Carreras ziet er soms zelfs op de rand van het ondervoede uit. Maar ik vind ook dat je dat hoort. Goed zelfs. Die mag blij zijn dat hij mag meedoen, denk ik soms. Want hij doet krampachtig goed zijn best, het klinkt allemaal niet onaardig, maar het is niet te vergelijken met Pavarotti.

En dat zit hem dus in die buik. Daar zit 'het'. En dat moet je ervoor over hebben. Want zo'n buik sleep je natuurlijk de hele dag overal mee. Je kunt dat nooit eens thuislaten.

Je stem trouwens ook niet, die heb je ook altijd bij je, en het een marcheert niet zonder het ander.

't Moet soms vervelend zijn. Dat ze je dadelijk herkennen. Als dat aan je stem ligt, tot daartoe, maar aan je buik. Ook als je niks zegt, of niks zingt. 'Ha, die Pavarotti!!!'

Iemand die je nog nooit gezien hebt in je hele leven.

Dat moet erg zijn, iedereen goeiendag moeten zeggen, omdat ze je buik herkend hebben. Dat is zoals een moeder die in verwachting is en in haar achtste maand. Maar die moeders, die zijn dan heel trots dat ze het kunnen laten zien. Die weten trouwens dat ze er over een maand vanaf zijn. Ook van die belangstelling voor de boventallige kilo's.
Luciano niet. Die zal die ellende met zich moeten blijven meeslepen en met frisse tegenzin tegen iedereen, die zijn buik herkent, moeten knikken.

Als je dan al om de week in ergens een sportpaleis voor 5.000 of meer mensen staat te lachen zoals zot, en maar reclame maken voor diezelfde donsdekens en Granada, en daar maar staan wuiven met je zakdoek, want anders zien ze in zo'n grote ruimte niet dat jij Pavarotti bent. Als je helemaal achteraan in zo'n zaal staat, dan zie je natuurlijk geen buik meer. Maar iedereen weet: die met zijn zakdoek, dat is Pavarotti. En daarom kijkt Luciano ook altijd zo kwaad naar Carreras, als die zijn zakdoek eens bovenhaalt om zijn zweet af te doppen.

Lang zal die volgens mij wel niet meer mogen meedoen.

DE GROTE ONRUST

'Wat mij tegenwoordig overal opvalt,' vertrouwde mijn wijkagent mij toe, 'is dat de mensen niet meer kunnen lachen. Ze lopen er allemaal bij met zó'n gezicht.'

Hij deed met zijn rechterhand een teken tot hoever de kin van die mensen kwam. Zo ongeveer ter hoogte van de navel. 'Precies of ze allemaal een maagzweer hebben tegenwoordig,' zei hij. En hij zou dat nog aannemen, ging hij voort, als ze iets te kort hadden, maar ze hadden niks te kort, integendeel.

'Kijk daar!' zei hij. En hij wees met zijn hoofd naar een morsig heerschap met een slonzige vrouw, die een rafelige hond aan de lijn had. 'Weet je wat die hond gekost heeft? Het is een rashond, maar ik vergeet het merk altijd, 't is iets Zwitsers, weet je wat die gekost heeft? Nee? Vijfentwintigduizend ballen! Als er ergens in de stad iemand is, die dat voor mijn vrouw geeft, dan pak ik ze in. Vijfentwintigduizend frank. Voor een hond. Ik vind het schandalig. Maar voor de rest: gierig!!! Maar wel multimiljonair. Je kunt dat er niet aan zien, maar ik weet dat. Als agent, weet je. Je moet daar al eens zijn, en altijd maar klagen over de opslag en dat alles zo duur is. Ze hebben het de hele dag over niks anders. En dat stinkt van het geld. Ze hebben zeven huizen en vier appartementen. Je moet niet vragen wat daar iedere maand binnenkomt. Plus nog pensioen van het leger. Ga maar na.'

De droevige hond snuffelde de muren af, ging uiteindelijk in pershouding zitten en drukte een enorme, volwassen drol onder zijn opgestoken staart uit.

'Honden laten plassen en schijten is een van de voornaamste vormen van vrijetijdsbesteding geworden,' gromde de agent. En dat hij ze eigenlijk een bekeuring moest geven, maar als hij daarmee begon, dan deed hij de hele dag niets anders dan opschrijven. Vooral op de piekuren, 's morgens tussen acht en negen en 's avonds ook omstreeks die tijd. Ik heb tegen de burgemeester gezegd dat ik wel wat beters te doen had. En sympathiek maak je je er niet mee. Hij zweeg even.

't Werd avond, de eerste lampen sprongen aan en ze verspreidden op het terras een deprimerend, vlekkerig licht. De huizen van de stad kregen iets antiekerigs over zich, wat je gemakkelijk met iets als poëzie kon verwarren.

Hij werd er een beetje lyrisch van en legde zijn kepie naast zich op de lege stoel, alsof hij wilde laten merken dat er iemand anders aan het woord was.

Hij had ooit nog bij mij in de klas gezeten en refereerde geregeld aan die mooie tijd, want hij droeg graag voor. Hij wist nog, zei hij, dat ik ooit eens gezegd had dat de mooiste dingen in het leven niks kosten en toch onbetaalbaar zijn. Gedichten bijvoorbeeld. Dat was hem altijd bijgebleven. Samen met dat liefdesvers, waarin de dichter het had over zijn geliefde en over 'de blonde schelp van haar buik'.

Dat had hij altijd mooi gevonden. 'De blonde schelp van haar buik'. Hij proefde het nog eens na.

Ik vroeg of hij soms nog oud-studenten van zijn jaar tegenkwam. Hij knikte. Gisteren Jaak nog. Jaak die altijd de eerste van de klas was. Maar een reptiel van een wijf getroffen en nu werkte hij ijverig aan een levercirrose. Drinken? Nee, dat was geen drinken meer. Hij had hem gisteren ontmoet in een café, waar ook drugs verhandeld werden. Daar stond Jaak achter in de plasbak, met permissie, te kotsen in alle kleuren van de regenboog.

Hij zei dat je voor je plezier niet bij de politie moest gaan, want de mensen stelden zich daar andere dingen van voor. Enfin, na twee Alka-seltzers had hij Jaak toch zover gekregen dat hij naar huis ging.

'Maar nog eens,' zei hij, 'dat is niet om te lachen. Daar wordt tegenwoordig veel te weinig gelachen.'

Vroeger vertelde hij daarom een mop, als hij ergens binnenkwam voor een of andere ambetante zaak. Maar nu zeiden de mensen altijd dat ze die mop al eens op VTM gehoord hadden.

'En 't zijn nochtans altijd oude moppen,' zei hij.

Harley Davidson

Omdat hij nog van voor de oorlog was, zei hij, dat hij nogal aan de zuinige kant was opgevoed en dat hij elke frank twee keer ronddraaide, voor hij hem uitgaf.

'Je kunt het je niet voorstellen,' zuchtte hij, 'wat de mensen tegenwoordig allemaal weggooien. Dingen die nog zo goed als nieuw zijn...' Hij liet er mij een paar zien: een volledige, volwassen schrijfmachine, een fiets, een reiskoffer, een stoere kist uit grootmoeders tijd... Dingen, die vroeger stukken van mensen gekost hadden, toch voor mensen zoals zijn ouders. Want die hadden het niet breed. Speelgoed kwam er bij hem in die tijd niet veel in huis. 'Wij hadden een sobere Sinterklaas,' grinnikte hij. Hij herinnerde zich hoe hij als jongetje dikwijls voor zo'n glinsterende speelgoedetalage had gestaan, waarin allemaal spulletjes stonden, die hij wel nooit zou krijgen, die voor hem onbereikbaar waren. Onder andere het kleine, prachtige, blinkende motorfietsje, waarop in gouden lettertjes 'Harley Davidson' stond. Het was héél, héél duur, want hij wist dat het zoontje van de notaris er zo eentje had. Die had het één keer mee naar school gebracht en onder de speeltijd gaf Jean-Marie, die ze Jamie noemden, een demonstratie. Hij wond het motorfietsje op en liet het rondjes draaien, terwijl de hele klas er in een grote cirkel omheen stond.

Het was een prachtig gezicht: het glimmende, zwarte motorfietsje met de vernikkelde garnituurtjes en er boven op, helemaal gebogen tegen de wind, de rijder in zijn blinkende, zwarte, leren pak, met een grote bril en een écht helmpje op, met twee gekleurde streepjes. En dan maar rondjes maken.

Wat had hij toen graag zelf zo'n Harley Davidson gehad. Maar daar hadden ze thuis toen geen geld voor. Maar hij droomde er wel van.

'Soms komen die dromen nu nog terug,' zei hij. En dan reed hij op een echte, grote Harley door de Ardennen, waar hij de gevaarlijkste bochten nam, zodat zijn knie bijna de grond raakte. Hij reed mee op Francorchamps, en in de 'Boucles de Spa'. Hij won trouwens altijd, lachte hij. Dan stond hij op het podium en hij sproeide zo'n dure fles bruisende champagne over de enthousiaste menigte heen.

Zonde van de drank eigenlijk, vond hij altijd, als hij die beelden op de televisie zag, maar bij hem was het toch maar in zijn droom, zodat hij zich niet zo schuldig voelde.

Hij was er dus wel blijven van dromen, maar om een échte Harley Davidson te kopen, had hij nooit genoeg geld gehad. Want voor hem was het altijd een beetje crisis geweest. En nu was hij er echt te oud voor.

En nu had hij toch vorige week, op zo'n rommelmarkt, toch wel dat speelgoedmotorfietsje van het zoontje van de notaris zien liggen zeker. Het was wel een beetje gehavend, hier en daar een beetje verroest, maar de losse stukken lagen er nog bij in het doosje. En de lettertjes stonden er nog allemaal op.

De vrouw, die het verkocht, zei dat het erg zeldzaam was en daarom vroeg zij er 200 frank voor, ook al waren alleen de stukken nog heel.

Hij had het toch maar gekocht. Een Hollander, die in de buurt stond, bood er even later honderd gulden voor, maar hij had alleen maar een beetje geglimlacht en nee geschud. Ook toen die aandrong: honderd vijftig gulden!

Thuis had hij zijn Harley Davidsonnetje helemaal in mekaar gezet en opgepoetst, hij was er een hele dag aan bezig geweest, maar toen blonk het weer, en het was een ontroerend moment, toen het 's avonds rondjes draaide in de living. Zijn vrouw schudde het hoofd, ze kon er niet bij: 'Mannen zijn eigenlijk kleine kinderen,' zei ze.

Hij had het trots in zijn etalage gezet, niet om het te verkopen, maar in de hoop dat iedereen zou zien wat voor mooi motorfietsje hij had. Dat echt reed: brrrrrroem!

's Middags was er een vreemde man binnengekomen van een motorclub. Hij had een duur leren pak aan en zijn valhelm in zijn rechterhand. 'Hoeveel moet dat Harley'tje kosten?' vroeg hij.

Eerst zei hij dat het niet te koop was, maar toen de man zomaar ineens 5.000 frank bood, kwam de koopman in hem boven. Vijfduizend frank is niet niks, en zijn vrouw zou nogal opkijken, als ze dat vernam. Hij vond het zelf veel geld. Voor hij het zelf goed en wel besefte, had hij al 'verkocht' gezegd.

Maar gelukkig zag hij er niet uit, terwijl hij het mij vertelde.

''t Is toch een aardige winst!' troostte ik hem.

'Tsja,' zei hij, 'gelijk heb je, maar nu ben ik wel mijn motorfietsje kwijt, mijn Harley Davidsonnetje! Nu heb ik weer alleen maar mijn droom!'

Kapitalisme en vrije markteconomie zijn ook niet alles, dacht ik.

PAPA'S JASJE

Momenteel loopt er in de Franse stad Tours, in het Land van de Loire, waar de Tourainewijn koel en de zon gloeiend heet is, en waar elk dorp een kasteel heeft, waarin één of andere Franse koning dingen deed, die eigenlijk alleen in Parijs mochten, loopt er dus in de Franse stad Tours, ergens op de Place de Plumereau, een jongeman rond. Nogal trots, denk ik, met een sportief jasje. Zo goed als nieuw. Alle jonge meiden, die op de terrasjes een Orangina drinken, speurend naar die prins van hun dromen, hun Pilibi met een mooi kasteel, kijken hem verstolen na. En ze fluisteren tegen mekaar: 'Kijk toch eens naar Gilbert, kijk toch eens wat een mooi jasje hij vandaag aan heeft. Waar zou Gigi dat gekocht hebben?'

Want hij heet Gilbert, maar ze noemen hem Gigi. En soms Gigi l'amoroso. Want veel jonge meiden zijn verliefd op Gigi.

Zeker nu hij dat nieuwe, sportieve, bijna erotische jasje aan heeft. Waarvan ze dus niet weten waar hij het gekocht heeft. Maar alvast niet in de solden, want zulke mooie jasjes worden nooit afgeprijsd. Jonge meiden weten dat. Het is een duur jasje. Dat zien ze wel.

En Gigi heeft het helemaal niét gekocht. En ook niet gekregen. Want Gigi heeft geen rijke, oude tante, die hem zo'n jasje cadeau zou geven, omdat hij haar elke dag vier zoenen komt geven, zoals dat in Tours de gewoonte is.

In Nederland zijn ze daar zuinig mee, daar geven ze twee begroetingszoentjes, in België drie, en in het midden van Frankrijk vier, zegge en schrijve vier. Hoe meer je naar het zuiden gaat, hoe meer er gekust wordt. In Italië tellen ze zelfs niet meer, daar blijven ze zoenen, tot ze iemand anders zien, die ook gezoend moet worden.

Gigi heeft dat jasje dus niet gekocht, niet gekregen, zelfs niet geërfd of ergens gevonden. Geleend evenmin.

Dat jasje, waarmee Gigi nu zit te pronken op de Place de Plumereau, is mijn bloedeigen jasje.

Papa's jasje, zei mijn dochter nog, voor ik naar Tours vertrok.

En Gigi heeft het eigenhandig gestolen.

Het lag op de achterbank van onze auto, Gigi kwam daar voorbij met een paar andere jongens. Hij zag het jasje op de achterbank liggen, en toen heeft hij de ruit van de auto ingeslagen en het jasje meegenomen.

Het getuigt misschien wel van de goede smaak, die Gigi er in het dagelijkse leven op nahoudt, maar het is wel een eigenaardig systeem. Vind ik. Gigi duidelijk niet.

Dus was ik een beetje ongelukkig, toen ik erop uitkwam.

Ruit kapot. Jasje weg!

Die ruit, god ja, dat was te herstellen, er zijn ruiten genoeg op de wereld, en glasbreuk was verzekerd. Maar dat jasje, dat kon ik nergens nog terugvinden. Er waren wel tien zakken aan, waar je van alles in kwijt kon. Als ik het aanhad, dan voelde ik mij altijd als een blauwe paracommando, die aan een overlevingstocht begon.

Het was een jasje dat nog een mooie toekomst voor zich had en waarvan ik nog heel veel verwachtte. Een mens heeft van die jasjes.

Het was trouwens een uniek exemplaar, het laatste wat ze van deze reeks in huis hadden. En het paste mij als gegoten. Zelfs de verkoopster zei tegen mijn vrouw dat ik er goed mee stond.

Dat zag ik ook in de spiegel. En nu sta ik weliswaar met alles, maar dit jasje overtrof al mijn vorige jasjes.

Gigi zal er ook wel goed mee staan.

Maar daar ben ik vet mee.

Ik hoop dan ook grondig, dat het eerste meisje dat hij er op de Place de Plumereau mee aan de haak slaat, hem nog dezelfde avond bedriegt met een ander, of hem achterlaat met een ongeneeslijke geslachtsziekte. Of een hardnekkige soort acné.

HET BEEST IN DE MENS

Als het waar is dat films een afspiegeling moeten zijn van de dagelijkse werkelijkheid, en dat een goede film een film is, waarin je jezelf en je medemens herkent, dan vind ik dat er tegenwoordig in die werkelijkheid toch een hoop mensen in hun ondergoed rondlopen en dat ze doorgaans meer in de slaapkamer zitten dan in de living. En in de badkamer ook. Vooral dames.

Maar mannen ook.

Soms hebben die dames zelfs de tijd niet gehad om iets aan te trekken en dan moeten ze nog gauw een handdoek van de radiator grissen, als de kleine huilt of als ze denken dat er inbrekers zijn.

Dikwijls ligt er ook nog een vreemde vent in hun bed, even bloot natuurlijk, want een mens gaat niet op stap met zijn pyjama in zijn binnenzak. En hoe dat 's morgens met die tandenborstels moet, dat laten ze gewoonlijk niet zien.

Enfin, ik zit daar soms naar te kijken en ik voel me dan enorm gedemodeerd, want in ons huishouden is dat helemaal anders.

Als het dan toch waar is dat films een afspiegeling zijn van wat er zich afspeelt in het modale gezin, dan zijn wij toch een serieuze uitzondering. Wij lopen thuis niet half moedernaakt rond, want er kan altijd iemand binnenkomen. Daarbij hebben wij vroeger geleerd dat het vlees zwak was, en hoe meer vlees, hoe meer kans dat het op den duur fout gaat lopen.

Want dan wordt het beest in de mens wakker, dan is de ontucht nooit ver weg en in de films wordt er dan ook geregeld verkracht, gemoord en gebrandschat.

Ik denk dan wel, dat het menselijk gedrag, van neuspeuteren tot periodieke onthouding, wordt verklaard aan de hand van onze voorouders, uit de tijd dat ze nog in de bomen zaten.

Maar wij hebben wel van alles bijgeleerd, volgens mij, wat we eigenlijk niet moesten kennen.

Dat zie je dus in de films.

En ze beginnen er, me dunkt, vroeger en vroeger mee.
Ik zie geregeld van die foetussen van 15, 16 jaar, van wie de fontanel nog maar amper is dichtgegroeid, die over hun goeie ouwe tijd komen vertellen, van hun 'eerste keer'.
Zonder blikken of blozen. En naar het schijnt is 'blozen' (ook weer ergens gelezen) volgens de heer Darwin de meest menselijke van alle uitdrukkingen.
Maar er wordt niet veel meer gebloosd op onze kleurentelevisie.
Spijtig eigenlijk. Omdat het zo menselijk is. Want dieren kunnen niet blozen, naar het schijnt. En huilen ook niet: bij geen enkel dier komen er zoute waterdruppels uit de ogen als het verdriet heeft.
Er zijn ook al mensen, die niet meer kunnen huilen.
Lachen evenmin.
Wij gaan dus meer en meer weer op de beestjes lijken, want dieren kunnen ook niet lachen. Je hebt natuurlijk 'la Vache qui rit', en hyena's doen ook zoiets in die richting, maar écht lachen is dat niet.
Ik zou daarom een actie willen opstarten om de mensen aan te zetten opnieuw te leren lachen, huilen en blozen.
Eigenlijk kunnen die drie dingen best samengaan: tranen lachen tot je er een rooie kop van krijgt.

Krokodil

Een mens is een gewoontedier. Maar hij houdt wel van een beetje variatie.

Ook wat het eten betreft.

Normale beesten hebben dat minder. Een koe bijvoorbeeld eet heel haar leven moeiteloos soms zeer betwistbaar gras, zonder ook maar één moment tegen te sputteren. Een poes eet drie keer per dag leverworst, zelfs als die voor het leger afgekeurd zou zijn, en een hond kun je tien keer per dag kwispelstaartend uit de bol doen gaan met dezelfde knook, die bovendien ook nog tot op het bot afgekloven is.

Zo niet Zijne Majesteit de Mens.

Hij heeft liefst geregeld wat anders op zijn bord. En geen drie keer hetzelfde voedsel per dag. Zelfs niet als dat kreeft is. De mens wil variatie.

Daarom liggen in de meest primitieve frietkramen nog altijd minstens tien soorten worst en gehaktballen minzaam op een consument te wachten, en daarom hebben alle restaurants een menu.

De mens wil kunnen kiezen, wil nog eventjes watertanden, voor hij zijn bestelling laat noteren.

Dat mag dan ook een beetje geld kosten.

Soms zelfs een heel groot beetje.

Laatst hoorde ik van een meneer, die in een duur restaurant 'nouvelle cuisine' was gaan eten met zijn familie, en toen de ober na genoten maaltijd discreet het papiertje bracht in zo'n leren, aristocratisch etui, bekeek die man het zeer aandachtig, en hij sprak:

'Ober, ik heb de rekening gevraagd en geen offerte tot overname van dit bedrijf!'

Maar het kan ook nog betaalbaar blijven en toch voldoende variatie bieden.

Ook al slaan de mensen de runderen tegenwoordig genadeloos over.

'De koeien mogen gek zijn, maar daarom ik nog niet,' zegt mijn vrouw.

En kalfjes heeft ze nooit willen eten. Uit principe.

''t Zijn nog kinderen,' zegt ze.

Maar buiten het rundvee is er nog keuze genoeg. En de restaurateurs vinden nog alle dagen nieuwe dingen bij.

De struisvogels zijn in. Sommigen eten ervan met een voldoende portie weerzin, omdat ze die beesten in hun verbeelding door het landschap van Australië zien lopen, en omdat ze de eieren van die beesten zo decoratief vinden, maar je moet tenslotte toch iets eten om aan te sterken. En daar hoort vlees bij, zo hebben oorlogskinderen dat aangeleerd.

Struisvogel dus. In afwachting dat ook de kangoeroes aan de beurt komen. En wat zie ik verleden week op het menu staan?

'Tournedos van krokodil.'

Ik kon mijn ogen niet geloven.

Mijn vrouw trouwens ook niet. Ze wist niet eens dat krokodillen eetbaar waren. Dacht dat ze uitsluitend aan de buitenkant bruikbaar waren voor damestasjes en schoenen.

Ik herinnerde mij ineens het jaar 1970. De Middeleeuwen dus. Ik was toen te gast in Bujumbura, en een aangetrouwde neef was daar de beëdigde krokodillenjager op de Ruwezi. Ik ben met hem toen 's nachts krokodillen gaan jagen. Wij hadden twee stuks geschoten en 's anderendaags lagen de staarten ervan op de barbecue.

't Was lekker! En dus heb ik vorige week krokodil gegeten, denkend aan het Tanganyikameer, de muggen, de ibissen en de nijlpaarden.

Ik heb daar toen zelfs eens een zebrasteak gegeten, een biefstuk van paarden met een streepjescode.

Misschien staan straks de zebra's hier ook op het menu. Net als de krokodillen. En de bonobo's.

De 'tournedos van krokodil' was heerlijk. Al had mijn vrouw de tranen in de ogen.

Krokodillentranen, natuurlijk. Echte!

Martelaar

't Is door dat lezen van die artikels en het zien van die beelden over die martelaars, dat ik eraan dacht. Die jongens, pubers nog, die zichzelf opblazen, omdat volwassen mensen, die beter zouden moeten weten, hen beloven dat ze na de ontploffing in het paradijs terechtkomen, waar het vol maagden zit, die zomaar naar je zitten te hunkeren en waar rivieren van wijn stromen, en dan nog wijn, waarvan je geen hoofdpijn krijgt. En dadelijk op de eerste rij zitten, naast de grootste Moefti.

't Zou bij ons niet meer pakken, denk ik dan. Ik heb mijn zonen tenminste duidelijk verteld dat er geen enkel Vaderland is, dat waard is om ervoor te sterven. Nauwelijks om voor te leven. Dat weten ze dus.

In de tijd van het Oostfront konden ze zo'n martelaarschap nog aankaarten, maar de 'jeugd van tegenwoordig' trapt daar niet meer in.

Voor die maagden zullen die zich niet meer laten ontploffen, die hebben ze nu ook al, en de straatwaarde van een maagd is in onze contreien bedroevend laag. Die wordt bij ons niet meer op de beurs genoteerd, integendeel: wie op zijn twaalfde als meisje nog ongerept is, wordt een beetje scheef bekeken. Volgens de statistieken, die ze daar vandaag over maken, zitten die zwaar in de minderheid, en ze raden de ouders aan niet te lang te wachten om een betrouwbaar seksuoloog te raadplegen. Of toch eens serieus met hun dochter te praten. En alleszins een abonnement op de pil te geven, met een duidelijke bijsluiter.

Die wijn, waarvan je geen hoofdpijn krijgt, lijkt me ook geen argument om definitief te verhuizen naar het Land van de Grote Onzekerheid. 't Zal in de Gazastrook en aan de kanten van Hebron wel anders zijn, maar wij hebben in de Europese Unie wijn genoeg, waarvan je *le lendemain du même jour* geen migraine hebt. Wij kunnen ons zelfs bijwijlen de luxe veroorloven de beste van die wijnen te boycotten, zodat de wijnboeren in Bordeaux met hun handen in het haar zitten in plaats van in hun gevulde geldkoffer vol gouden dukaten en Louis d'Or's.

En dat van op die eerste rij zitten, waar ze je de hele tijd op je vingers kijken, geen chips mag eten en lekker de beest uithangen, wat onze jeugd vandaag toch gewend is, dat krijg je waarschijnlijk ook niet meer verkocht. Liever op de laatste rij. De knopen uit de kussens vrijen en hardop fluiten, als de show vooraan een beetje vervelend wordt, of als je wat meer wierook wil op dat podium, of als je vindt dat ze het geluid wat harder mogen zetten, als Sinte-Cecilia het Allelujah van Händel een beetje te bescheiden inzet op haar orgel.

Nee, ik denk niet dat ze het nu van onze jongens nog gedaan zouden krijgen. Die houden meer van het Hiernumaals dan van het Hiernamaals, denk ik. Ikzelf trouwens ook.

Ik heb met die martelaars eens iets aan de hand gehad op een examen. Een godsdienstexamen. In de tijd dat daar nog punten op stonden, dat God nog meekeek.

Ik zat toen in de retorica, en de godsdienstleraar, die priester was en dus rechtstreeks contact had, dacht ik, wilde mij per se laten zeggen dat het feit van het martelaarschap een Godsbewijs was. Ik had er al drie gegeven en vond dat ruimschoots voldoende, maar hij wou die martelaars er absoluut bij hebben. En ik niet.

Ik zei dat de Russen ook martelaars hadden, maar dan wel voor het toen nog goddeloze communisme, en dat er in héél wat landen martelaars waren voor de vrijheid, ik sleepte er zelfs het Oostfront bij. Dat schoot in een totaal verkeerd keelgat, want hij was bij het verzet geweest. Ik heb toen geen punten gekregen, vloog buiten, en het heeft nogal wat voeten in de aarde gehad om de plooien glad te strijken. Ik ben mij moeten gaan excuseren, maar de martelaars kwamen gelukkig niet meer ter sprake. Ik heb dus niet opnieuw kleur moeten bekennen. En zeggen dat ze in tijden van kerkvervolging op mij niet al te veel staat kunnen maken.

Martelaren? 't Is mijn bloedgroep niet. Sorry!

Lang leve het huwelijk!

Is er nog positief nieuws?

Ja, er is nog positief nieuws. Want ik las het zowel in een Nederlandse als in een Vlaamse krant. Met vrij dikke koppen.

'tKwam erop neer dat mensen met een vaste levenspartner - getrouwd dus, of zo goed als - gelukkiger zijn, gezonder ook, en langer leven dan mensen die het zonder moeten stellen.

Als dat geen goed nieuws is.

Herwaardering van het huwelijk, denk ik dan.

Al komen ze wel een beetje laat met dat nieuws. De jonge mensen trouwen bijna niet meer: alleen de homo's en de pastoors spelen nog met die gedachte. Maar die moeten dan weer tegen een hoop verbodstekens aankijken.

Maar 't blijft verheugend nieuws. Toch voor iemand als ik, die er al bijna veertig jaar vreedzame coëxistentie op zitten heeft.

Vraag is of het wel helemaal waar is, want ik ken verdomme veel uitzonderingen. En die zitten niet allemaal tussen de jeugd van tegenwoordig. Daar zitten ook koppels bij, die destijds, goed dertig jaar geleden, met hun eerste spaargeld hun eerste slaapkamer nog samen gekocht hebben. Dat heb ik persoonlijk meegemaakt.

Ik zie ze nog verliefd op elkaar worden, een wervelende start. Ze zaten zelfs op openbare plaatsen aan elkaar te frummelen alsof ze op een onbewoond eiland waren. De liefde kon niet op. Ze zaten tegen elkaar op te baltsen als een paar blauwe kiekendieven, om maar eens een stomme vergelijking te gebruiken.

En dan, dertig jaar later, liefde helemaal op. Hij zou haar het hoofd van de romp trappen, en zij dacht in haar verbeelding doeltreffende wurgtechnieken uit om op een definitieve manier van hem af te geraken. Twee kemphanen. Enfin, één haan, en één hen. Maar dan geen soepkip.

In mijn tijd gebeurde het ook al wel eens, dat er iemand met een bord gooide als het huwelijk even scheef zat, maar even later werd dat bord gelijmd en ze aten er weer samen soep uit.

Vandaag de dag zijn er andere middelen om iemand te pesten en hem duidelijk te maken, dat je hem liever met azijn zou besprenkelen dan hem te zoenen.

Ik ken een koppel waar het begon langs de soep.

Hij at graag soep en zij maakte graag soep, omdat hij dat zo graag had. Ik bedoel: échte soep, soep met een mergpijp, die een halve dag moet trekken op een zacht vuurtje. En die zo heet gegeten wordt als ze wordt opgediend. Kortom, soep als een orgasme.

Op een avond komt hij thuis en daar ligt een briefje op tafel: dat ze even weg is met een vriendin, dat de soep klaar staat in de microgolfoven, en of hij die zelf één minuut wil opwarmen.

Bij nader toezien bleek het knorrchickensoep.

Een teken aan de wand.

Bovendien had zij samen met die vriendin ingeschreven voor een cursus aikido, een soort gevechtssport, waarvan hij gehoord had dat je er alle ledematen mee mocht bewerken, incluis de edele delen.

Van toen af zijn ze 's nachts apart gaan slapen. Je leest zoveel van vrouwen, die hun man 's nachts... De kranten staan er vol van.

En een jaar later leefde hij als een Chinese monnik. Op een appartement in Wenduine. Ongelukkig, maar met zicht op zee. Gescheiden.

Officieel had zij als reden opgegeven dat ze geen kinderen konden krijgen, en dat het aan hem lag, omdat er te weinig dikkopjes in zijn sperma zaten. Wat niet waar was, volgens hem.

Aanvankelijk had hij zich nog even tegen de scheiding verzet, maar toen zij dreigde haar trieste verhaal bij Marlène op VTM te gaan vertellen, had hij toch maar toegestemd.

Een staande ovulatie van het publiek, dat was het laatste wat hij haar gunde.

Woestijnzand

Ik kwam buiten, wilde in mijn auto stappen, en ik zag ineens dat die helemaal van kleur veranderd was. In plaats van grijs was hij een beetje rozig, rossig geworden.

Ik stond er verbaasd op te kijken, wreef even ongelovig over de motorkap en zag dat mijn vingertoppen dezelfde kleur gekregen hadden.

Achter mij hoorde ik een neutrale, diepe mannenstem:

'Dat is zand, meneer, woestijnzand uit de Sahara!'

Het klonk een beetje als een onheilsboodschap, zoals een ervaren Getuige van Jehovah dat zegt.

Ik moest ineens aan de zondvloed denken.

'Toen de Here zag dat de boosheid des mensen groot was op aarde, berouwde het hem dat hij de mens op aarde gemaakt had, en het smartte hem in zijn hart. En de Here zeide: "Ik zal de mensen, die ik geschapen heb van de aardbodem uitroeien, de mensen zowel als het vee en het kruipend gedierte en het gevogelte des hemels..."'

Van de vissen zeide hij natuurlijk niks, want die kunnen tegen een Zondvloed.

Maar nu zou het dus mogelijk een Zandvloed worden.

Ik zag het al gebeuren. God, die geregeld door zijn engelspionnen gealarmeerd was over de mens die met zijn hele Schepping aan het knoeien was. De atoombom, aids, VTM en vele andere rampen, die ze zelf zochten, de dolle koeien en de varkens die vol hormonen zaten, de bespoten sla en de prei, waarin zelfs de taaiste wormen kapotgingen... Maar God zeide altijd: 'Daar moet ik nog eens over nadenken, eens over slapen.'

Maar dat moest natuurlijk niet, want God weet alles vooraf, ook wat er later gebeurt. En het berouwde hem dus dat hij dat Pretpark op aarde gemaakt had, en op een dag dacht hij: 'Weg ermee!'

Maar een nieuwe Zondvloed kon natuurlijk niet meer: God mag niet in herhaling vallen. Bewijzen dat hij een beetje origineel kan zijn.

Dus zeide hij: 'Zand erover!' en hij liet het waaien, veertig dagen en veertig nachten waaide het, zodat iedereen op aarde diep onder het zand zat en versmachtte. Zand, zand en nog eens zand. Allemaal uit de Sahara.

Want daar kwam dat zand op mijn wagen volgens die man met de sombere stem helemaal vandaan. Op de vleugels van de wind.

Het kon! Tsjernobyl had het bewezen: in Rusland ontploft een fabriek en 's anderendaags is alle spinazie in de achtertuintjes van Wechelderzande radioactief. Zo gaat dat tegenwoordig: als ze in Kessenich vandaag een fatsoenlijke barbecue houden en de wind zit een beetje stevig in het oosten, dan worden er morgen in Bissegem misschien al zes gevallen met hepatitis B gesignaleerd. Er zijn geen grenzen meer.

Maar er is wel een einde aan het geduld van God.

Destijds had hij wel een uitzondering gemaakt voor Noach en zijn kroost, Sem, Cham en Japhet. Want Noach wandelde met God, en hij was rechtvaardig en onberispelijk. Een voorbeeldig katholiek avant la lettre dus, alle zondagen naar de mis en nooit voor het zingen de kerk uit.

Ik vroeg mij af wie de nieuwe Noach zou zijn. Ik duidelijk niet, want God had mij niet aangesproken en mijn wagen zat al half onder de Sahara. Met een ark kon je trouwens tegen dat zand niks uitrichten. 't Zou dus wel een atoomschuilkelder worden. Of zo'n afgedankte kweekreactor in Duitsland. Zo eentje zoals die Hollander laatst opgekocht had om er een pretpark van te maken. Daar gaan heel wat beesten in. Maar misschien moesten er nu ook geen dieren mee. Misschien wilde God dit keer alleen maar wat vegetariërs overhouden. Gedaan met de carnivoren.

Misschien mag alleen Michel van den Bossche van Gaia de kelder in, met een paar bakjes kropsla en knolselder. Dat is nog goed voor de voortplanting ook. Want ze moeten weer helemaal opnieuw beginnen, als het zand weg is.

Vraag is, waar ze met al dat zand gaan blijven. Misschien uitstrooien op de polen. Dan schuift het daar minder voor de ijsberen en de pinguïns. Want daar is het altijd wintertype D.